Endlich Montag © 2017 Arne G. Skagen

Kontakt mit Autor:
askagen@me.com

Kontakt mit Verlag:
Unprecedented Press LLC - 495 Sleepy Hollow Ln, Holland, MI USA 49423
www.unprecedentedpress.com | info@unprecedentedpress.com
twitter: @UnprecdntdPress | instagram: unprecedentedpress

Contact the author:
askagen@me.com

Contact the publisher:
Unprecedented Press LLC - 495 Sleepy Hollow Ln, Holland, MI USA 49423
www.unprecedentedpress.com | info@unprecedentedpress.com
twitter: @UnprecdntdPress | instagram: unprecedentedpress

ISBN-10:0-9987602-4-2
ISBN-13:978-0-9987602-4-7

Ingram Printing & Distribution, 2017
Published in the United States.

First Edition
1. Auflage

Unprecedented
Press

Endlich Montag

Alltags-Evangelisation
für normale Menschen

Arne G. Skagen

übersetzt von Florian Hoenisch

Stimmen Zum Buch

Corrie Ten-Boom, die geistliche Wahrheiten wunderbar einfach beschreiben konnte, sagte einmal: Ihr Heiligen, haltet es einfach – die KISS Methode der Theologie! Arne Skagen hat diese geistliche Einfachheit hervorragend in seinem Buch festgehalten, „Gott sei Dank, es ist Montag". Sein erfrischender Untertitel „Alltags-Evangelisation für normale Menschen" hätte Tante Corrie ein Lächeln auf's Gesicht gezaubert. Arne befreit das Thema Evangelisation aus dem theologischen Elfenbeinturm und komplizierter Philosophie und beschreibt sie als einfache Aufgabe, die uns dazu herausfordert, Menschen von Jesus zu erzählen. Seine persönlichen Beispiele, praktischen Tipps und biblischen Einsichten ermöglichen es dem Leser, inspiriert durch Gottes Wort manche der Ängste zu überwinden, die viele von uns spüren, wenn es darum geht unseren Glauben weiterzugeben.

„Gott sei Dank, es ist Montag" hat sich in Arne's Heimat Norwegen gut verkauft. Gemeinsam mit dieser Empfehlung habe ich auch Gebete gen Himmel geschickt, dass der Einfluss des Buches weltweit noch wesentlich grösser wird und der normale, alltägliche Christ jeden Tag in alltäglicher

Evangelisation leben kann. Umfragen in der evangelikalen Welt haben traurigerweise gezeigt, dass die meisten Christen die Freude eines solchen beständigen evangelistischen Lebensstils nicht erleben. So Gott will, wird Arne's Buch diesen Trend helfen umzukehren. Möge Gott dir den Glauben schenken, der aus dem Hören des Wortes Gottes kommt (Römer 10;17), Arne's Prinzipien zu übernehmen und wie ein weiser Fischer die Netze am richtigen Ort auszuwerfen und einen „Fang" erlöster Sünder einzubringen.

Danny Lehmann, Leiter von Jugend mit einer Mission, Hawaii.

„Gott sei Dank, es ist Montag" ist ein unglaublich wertvolles Werkzeug für jedes Gemeindemitglied. Es beschreibt ganz einfach den lebensverändernden Zugang zur Weitergabe des Evangeliums. Man kann dieses Buch auch mehrmals mit enormen Gewinn lesen. Es ist praktisch und zugänglich. Wenn die in diesem Buch beschriebenen Prinzipien verinnerlicht werden, kann das dein Leben, deine Gemeinde und eventuell sogar diese Welt verändern! Gott sei Dank, es ist Montag.

Steve Wilkins Leiter von Ministries Without Borders – Kanada

„Gott sei Dank, es ist Montag, Alltags-Evangelisation für normale Menschen" ist eines der nützlichsten Werkzeuge, die ich kennengelernt habe, um Menschen zu helfen, in das Thema persönliche Evangelisation ganz normal einzusteigen. Ich kenne den Autor des Buches schon seit über 15 Jahren und habe ihn die Botschaft dieses Buches in vielen Veranstaltungen, Konferenzen und Gemeinden lehren gehört. Ich kann die erstaunliche Frucht im Leben vieler Menschen und den Einfluss bestätigen, den diese einfachen unveränderlichen Wahrheiten haben, die Arne in seinem Buch weitergibt. Er besitzt die einzigartige Fähigkeit, Menschen für eine wirkungsvolle Ernte auszurüsten und zu bevollmächtigen. Sein Leben, seine Gabe und seine Botschaft, die in dieses Buch eingeflossen sind, hatten einen enormen Einfluss auf mein persönliches Leben und das meiner Familie. Es hat die Gemeinden, Jüngerschaftsprogramme und Leiterschaftsschulen gestärkt, für die ich verantwortlich bin und ich habe festgestellt, dass es eine neue innere Erwartung in uns allen bewirkt hat. Ich empfehle dieses Buch jedem Menschen und Gemeinde, die sich Werkzeuge an die Hand wünschen, um vom Heiligen Geist geführte alltägliche Evangelisation zu leben.

Andrew Hughes. Leiter des Point Church Network.

Inhaltsverzeichnis

Vorwort

An dem Tag, als ich mich entschied, Jesus Christus mein Leben zu geben und ihm nachzufolgen, begann eine erstaunliche Reise. Während dieser Reise erlebte ich begeisternde Abenteuer und Herausforderungen, Siege aber auch Niederlagen. Ich bin dem Herrn so dankbar, der mich gerufen und mitten in eine riesige Ernte gestellt hat, in der ich weltweit mit meinen Brüdern und Schwestern gemeinsam arbeite.

Ich widme dieses Buch meiner Frau Kjersti, meiner besten Freundin und Mitarbeiterin im Dienst; und Silje, Sunniva, Solvor und Svanhild, meinen vier wunderbaren Töchtern, die ihren Vater so viele Jahre mit so vielen anderen Menschen hatten teilen müssen.

Ebenfalls danken möchte ich meinen engen Freunden

und Kollegen des Kristent Nettverk und Ministries without Borders, die in den vergangenen zwölf Jahren Seite an Seite mit mir zusammengearbeitet haben. Ihr habt mich in diesem Dienst für das Reich Gottes immer wieder herausgefordert und inspiriert.

Ein besonderer Dank geht an Erlend Evenstand, der während der Entstehung des Manuskriptes mit seinen herausragenden Verlegerqualitäten von unschätzbarem Wert war. Ich danke auch all den Mitarbeitern in der Ernte, die dem Herrn der Ernte täglich treu nachfolgen, um die Menschen zu erreichen, die ihn noch nicht angenommen haben. Seid ermutigt! Der Missionsbefehl wird erfüllt werden, weil Jesus „immer mit euch sein wird bis an das Ende der Erde."

Einleitung

Du wachst am Morgen auf, bist ausgeruht und die neue Woche kann beginnen. Gott sei Dank, es ist Montag! Du gehst voller Erwartung in den Tag, der gerade begonnen hat, ins Badezimmer, blickst in den Spiegel und denkst „Ich bin geliebt". Dann beginnst Du mit dem Einen zu reden, der dich liebt.

Evangelisation beginnt jeden Montag morgen im Badezimmer. Sie entspringt aus einer intimen, lebendigen Beziehung zwischen dir und Gott. Er erfüllt dich mit seiner Liebe, Freude und Frieden, damit sein Leben aus dir herausfliessen und deine Freunde, Nachbarn, Kollegen und all die Menschen berühren kann, von denen du dir wünschst, dass sie die Liebe Jesu erfahren. Es geht darum, diese Menschen entspannt und natürlich mit der Kraft und Liebe Gottes zu erreichen.

Gott hat dich gezielt genau in dein persönliches soziales Umfeld hineingestellt.

„Gott sei Dank, es ist Montag" ist kein Buch für dich, wenn du nach Evangelisations-Techniken oder Methoden suchst. Es beschreibt keine menschliche Methode sondern eine himmlische Strategie. Wir machen gemeinsam mit dem Heiligen Geist einen Spaziergang durch unsere Nachbarschaft, unseren Freundeskreis und unseren Arbeitsplatz – wo immer Menschen unterwegs sind und leben. Es geht darum, zu lernen mit den Augen des Heiligen Geistes zu sehen, zu hören was er hört und gehorsam zu sein, wenn er uns zum handeln auffordert. Von einem solchen Lebensstil möchte ich dir erzählen – deshalb habe ich dieses Buch geschrieben.

Du bist wie deine Gemeinde auch umgeben von einer reifen Ernte. Wir haben schon lange an vielen Orten immer wieder erlebt – nicht nur einmal sondern immer und immer wieder – wie Gott eine nach innen schauende Gemeinschaft von Christen in einen lebendigen aktiven Leib verwandelt hat. Täglich zu erleben, dass Menschen errettet werden, ist kein unrealistisches Ziel. Der Herr der Ernte möchte uns lehren, wie wir die Ernte erkennen und einbringen können. Die Ernte ist groß und sie ist reif. Jesus hat absolut Recht damit. Ich bete, dass während du dieses Buch liest, der Heilige Geist zu dir spricht und dir Glauben schenkt, dass Neues durch dich geschehen kann, dass Evangelisation nicht mehr länger Pflichterfüllung sein muss oder eine Sache, die du vielleicht aus Schuldgefühlen heraus tust. Der Heilige Geist möchte uns unterstützen, dass sie stattdessen ganz natürlich aus uns herausfliesst.

Jeden Montag werden wir voller Erwartung auf das aufwachen, was „ der Gott in uns" tun kann. Klingt das überhaupt nach einer *Methode?* Es ist genau das Gegenteil; es ist eine *himmlische Strategie.* Möge die Gnade von Jesus Christus, die Liebe Gottes und der Heilige Geist mit euch allen sein, wenn ihr die Ernte einbringt.

Arne Skagen Bergen, Norwegen, November 2013

Erklärung

Die Namen der Menschen, die in den Geschichten und Beispielen dieses Buches erwähnt werden sind zum Schutz ihrer Privatsphäre geändert. Ich habe mich bewusst entschieden, in diesem Buch Beispiele realer Alltagsgeschichten zu erzählen. Nicht von jedem, der in diesen Geschichten eine Rolle spielt, konnte ich eine Erlaubnis einholen, über ihn zu berichten. Alle Personen sind daher anonymisiert.

1

Von Liebe motiviert

Die Liebe Gottes in einem Seniorenheim

Sara arbeitete in einem Seniorenheim. Sie liebte diese älteren Menschen und hatte oft für sie gebetet. Eines Tages brachte sie ihre Liebe in Aktion: Sie ging zu ihrem Chef und fragte, ob sie einige ihrer Freunde aus der Gemeinde einladen dürfe, gemeinsam mit ihr das Seniorenheim zu besuchen um mit den Bewohnern zu sprechen und zu beten.

Zuerst reagierte der Chef ein wenig überrascht, willigte aber nach kurzer Bedenkzeit ein und gestattete es ihr unter einer Bedingung: „Solange Sie die Bewohner respektvoll behandeln..."

Ich bin ein Freund von Sara und einer der beiden Freunde aus ihrer Gemeinde, die sie eingeladen hatte, mit ihr zusammen an einem Nachmittag das Seniorenheim zu besuchen.

Es war interessant, Menschen zu begegnen, die schon ein langes Leben gelebt hatten. Viele von ihnen hatten eine Menge zu erzählen. Je persönlicher die Gespräche wurden, um so deutlicher wurde, dass viele eine innere Unruhe über ihre Zukunft spürten. Sie hatten das Alter ihrer Lebenserwartung erreicht. Das Seniorenheim hätte die letzte Station all ihrer Vorhaben und Lebensziele sein können. Was geschah danach? Konnte man überhaupt noch auf etwas hoffen?

Wir unterhielten uns mit den alten Menschen und sprachen mit ihnen über das Evangelium. Wir erzählten ihnen von Gottes Plan der Erlösung, warum Jesus gekommen war; und dass er ihnen eine Zukunft und Hoffnung geben wollte. Manche von ihnen kämpften mit den Tränen. Andere hielten unsere Hände und brachten zum Ausdruck, wie sehr sie sich freuten, dass wir da waren.

An einem der Tische saß Judith. Diese Frau hörte sehr aufmerksam zu während wir das Evangelium weitergaben. Als wir sie fragten, was sie von all dem hielt, antwortet sie:

„Ich *glaube*."

Wir setzten uns mit ihr an einen Tisch, nahmen eine Bibel und lasen mit ihr gemeinsam diesen Vers:

„Wenn du mit deinem Mund bekennst, dass Jesus der Herr ist und in deinem Herzen glaubst, dass Gott ihn von den Toten auferweckt hat, wirst du gerettet werden."[1]

Wir fragten sie, „möchten Sie Jesus Christus als Ihren Herrn und Erlöser annehmen?" Judith antwortete mit lauter und klarer Stimme voller Ernst, „Ja, das möchte ich" und lud Jesus mit ein paar einfachen Worten in ihr Herz ein.

Judith war die Erste, die an diesem Tag gerettet wurde, aber nicht die Letzte: Im Laufe des Nachmittags trafen fünf weitere Bewohner die Entscheidung, Christus nachzufolgen.

Unter Sara's Anleitung begannen die Bewohner mit einem regelmässigen Gebetstreffen, lasen die Bibel, tranken Kaffee und hatten Gemeinschaft miteinander. Dies geschah mehrmals pro Woche in einem ganz normalen Seniorenheim.

Gottes Liebe ist die treibende Kraft

Es ist kein Zufall, dass die Geschichte von Sara mein erstes Beispiel ist, weil sie uns zeigt, was die treibende Kraft aller Evangelisation sein sollte, nämlich die Liebe Gottes. Gott liebt Menschen. Gott liebt alle Menschen mit einer Liebe, die bereit war, alles zu opfern.

"Denn Gott hat die Welt so sehr geliebt, dass er seinen einzigen Sohn gab, damit jeder, der an ihn glaubt, nicht verloren geht, sondern das ewige Leben hat."[2]

Es geht bei Evangelisation nicht um uns oder was wir erreichen können. Es geht um Gott und was er durch seinen Sohn Jesus tun kann.

Die Bibel sagt uns immer wieder: „Wir wissen wie sehr Gott uns liebt, denn er hat uns den Heiligen Geist gegeben, der unsere Herzen mit seiner Liebe erfüllt."3 Diese Liebe ist die treibende Kraft, wenn wir anderen Menschen von Jesus erzählen. „Die Liebe Christ treibt uns an."4

Ich habe viele Christen kennengelernt, die ein schlechtes Gewissen haben, wenn es um Evangelisation geht. Sie wissen, dass sie das Evangelium anderen weitergeben *sollten*, aber für sie ist das eine unliebsame Pflicht und schwere Last. „Nun, wenn dies dein persönliches Gefühl ist, dann *denk nicht einmal daran* das Evangelium weiterzugeben!" Viele Menschen reagieren überrascht auf eine solche Antwort. Manche empfinden das sogar als Provokation: *Willst* du denn nicht, dass Menschen das Evangelium hören? *Ist es dir egal,* ob andere Menschen gerettet werden?"

Natürlich möchte ich das! Aber das Evangelium ist eine *gute Nachricht*; es ist die Botschaft der Liebe Gottes durch Jesus Christus. Deshalb ist es so wichtig, dass die Überbringung der Botschaft mit deren Inhalt übereinstimmt und der Überbringer ihr nicht widerspricht. Wenn Pflichtgefühl oder Schuldbewusstsein oder beides gleichzeitig unsere

Motivation ist, wird es uns sehr schwer fallen die Liebe Gottes zu vermitteln und wahrscheinlich tun wir es dann auch nicht wirklich.

Das Evangelium spricht von der Liebe Gottes. Sara wurde nicht von Pflichterfüllung oder Schuldbewusstsein motiviert sondern einzig und allein von der Liebe Gottes.

Die Gute Nachricht spricht von der Liebe Gottes. Sara wurde nicht von Pflichterfüllung oder Schuldbewusstsein motiviert sondern einzig und allein von der Liebe Gottes. Sarah wurde persönlich angesteckt von der Liebe, die Gott für diese Menschen dort im Seniorenheim empfindet. Deshalb gab sie die Gute Nachricht nicht nur weiter, sondern war die Gute Nachricht für die Menschen dort in diesem Seniorenheim.

Gottes Liebe in einem Cafe

Ich saß eines Tages in einem Cafe und diskutierte bei einer Tasse Kaffee mit einem Gemeindeleiter über wichtige geistliche Themen. Wir hatten uns schon eine ganze Weile unterhalten, als sich eine Frau mit zwei kleinen Kindern an unseren Nachbartisch setzte. Während wir uns weiter unterhielten, bekam ich einen tiefen Eindruck von Gottes Liebe für diese Frau und deren Kinder. Ich sah keine Schriftzeichen an der Wand und hörte auch keine himmlische Stimme. Ich spürte einfach ganz tief in mir die Liebe Gottes für sie.

Wir sprachen weiter. Immer wieder kam dieser Eindruck in mir auf und ich ertappte mich dabei, dass ich fortwährend an die drei am Nebentisch denken musste. Ich dachte an sie, aber das war alles was ich tat. Ich wollte die Unterhaltung mit dem Gemeindeleiter nicht beenden, denn wir diskutierten ja wichtige Themen, die mit dem Reich Gottes zu tun hatten.

Schliesslich stand die Frau wieder auf und verliess mit ihren beiden Kindern das Cafe. Als die Türe hinter ihnen zufiel, wandte ich mich zu dem Gemeindeleiter und fragte ihn: „Kennst du diese Frau?" Er schüttelte den Kopf und sagte: „Nicht wirklich, aber ich weiss wie sie heisst."

An diesem Abend musste ich immer wieder an diese Frau und deren Kinder denken. Die Erfahrung im Cafe liess mich einfach nicht los. Ich begann im Internet nach ihrer Telefonnummer zu suchen und mit innerer Unsicherheit wählte ich dann ihre Nummer.

„Guten Abend. Mein Name ist Arne Skagen," sagte ich. „Ich weiß nicht, ob Sie sich noch an mich erinnern, aber ich saß heute neben Ihnen am Nachbartisch im Cafe. Ich hatte mich dort mit jemand anderem unterhalten." Am anderen Ende der Leitung herrschte einige Augenblicke lang Stille. Dann antwortete sie: „Jetzt wo Sie es sagen, ja, ich erinnere mich, dort am Tisch neben uns saßen zwei Männer." Zögerlich erzählte ich ihr daraufhin den Grund meines Anrufes. „Als ich Sie und Ihre beiden Kinder heute dort sitzen sah, erinnerte mich Gott an etwas und aus diesem Grund rufe ich Sie an.

Ich glaube, Gott möchte, dass Sie wissen, dass er Sie sieht. Er liebt Sie und hat gute Pläne für Sie und Ihre Kinder."

Gegen Ende unseres kurzen Gespräches sagte mir die Frau, dass sie sehr dankbar für das sei, was ich ihr erzählt hatte und bedankte sich für meinen Anruf.

Einige Tage später bekam ich eine Email von meinem Freund, in der er mir schrieb, dass diese Frau am darauffolgenden Sonntag im Gottesdienst aufgetaucht war. Im Anschluss daran ließ sie wissen, dass sie Jesus in ihr Leben aufnehmen wollte.

Lebe nahe bei Jesus

Ich werd dir in diesem Buch viele Geschichten erzählen. In den meisten davon spiele ich eine kleine Nebenrolle. Der Heilige Geist ist der Hauptakteur. Er spielt immer die Hauptrolle, wenn Menschen Jesus real erleben und ihn kennenlernen. Denn er lebt in uns, lädt uns ein mit ihm zusammenzuarbeiten und überträgt uns in seinem Wirken eine wichtige Aufgabe. Was möchte ich dir anhand dieser beiden Geschichten vermitteln, die ich dir eben erzählt habe? Sie zeigen deutlich die gewöhnlichste Art der Führung des Heiligen Geistes: Seine Liebe „spricht" zu uns und bewegt uns hin zu anderen Menschen. Aber damit dies geschehen kann, müssen wir nahe bei Jesus leben.

Je näher und persönlicher unsere Beziehung mit Jesus ist, desto mehr werden wir zu den Menschen hingezogen, die er liebt.

Wir sehen in den Evangelien, wie wichtig Jesus die Gemeinschaft mit dem Vater war. Sie hatte Vorrang vor allem anderen. Selbst an Tagen, an denen viele Menschen viel von ihm forderten, nahm er sich die Zeit, um mit dem Vater alleine zu sein. Häufig ging er auf einen Berg. Berge stehen in der Bibel für einen Ort, an dem Offenbarung weitergegeben wird. Gott offenbart sein Angesicht auf einem Berg; dort offenbart er sein wahres Wesen.

Mose erlebte genau das. Die Israeliten waren damit beschäftigt, Gott ihre Nöte und Bedürfnisse vorzuhalten, während Mose als ihr Anführer auf etwas vollkommen anderes ausgerichtet war. Er war mit Gott selbst beschäftigt. Mose war auf den Berg gerufen worden, um Gott zu begegnen. Dort auf diesem Berg wurde er ein Vertrauter Gottes und Gott bezeichnete ihn als seinen Freund.

König David wurde Mann nach dem Herzen Gottes genannt.5 Er war überhaupt nicht fehlerlos, aber ein Mann, der Gott vertraute. Er erlebte in vielen Situationen, dass „der Herr ein Freund derer ist, die ihn fürchten. Er lehrt sie seinen Bund."5

Gott möchte das gleiche auch für uns: wir sollen ihn kennen, damit er uns dann im Vertrauen Dinge mitteilen kann. „Ich bete immer wieder für euch, bitte Gott, den herrlichen Vater unseres Herrn Jesus Christus, euch geistliche Weisheit und Erkenntnis zu geben, damit ihr in eurer Erkenntnis Gottes wachsen könnt."[7]

Evangelisation ist keine Aktion sondern ein natürlicher Ausdruck unserer Beziehung mit Jesus.

Wenn wir Gott kennen, nah bei Jesus leben und mit dem Heiligen Geist erfüllt sind, können wir Menschen sicher und vertrauensvoll begegnen. Wir kennen unseren Vater, der alle Menschen kennt. Wenn wir seine Gegenwart in uns tragen, werden die Menschen, denen wir begegnen, die Liebe Gottes erleben.

Ruhe und Vertrauen in den Heiligen Geist

Wenn du die Gelegenheit hast, jemandem das Evangelium weiterzugeben, kann dich schnell die Furcht packen – genauer gesagt, „Menschenfurcht". Angsteinflössende Gedanken können dich überfallen: „Was wird er von mir denken wenn ich das sage? Wird er mich ignorieren, auslachen oder abfällig über mich sprechen? Was wenn ich nicht die richtigen Worte finde? Was wenn er nicht mal eine Sache von dem versteht, was ich ihm versuche zu erklären?"

Du bist mit solchen Gedanken nicht alleine. Viele von uns haben dies genauso auch schon erlebt. Willkommen im Club.

Wir wollen uns die Menschenfurcht einmal genauer anschauen. Was geschieht denn mit dir, wenn sie dich erfasst: Plötzlich dreht sich alles nur noch um „Meiner, Mir, Mich". Plötzlich stehe ich an vorderster Front und Gott wird in den Hintergrund gedrängt. Alle Aufmerksamkeit richtet sich nur noch auf *meine* Gedanken, *meine* Gefühle und *meine* Ängste. Am Ende werden meine Gedanken defensiv und negativ.

Ich kann mich zumindest bis zu einem gewissen Grad entscheiden, was ich mit der Menschenfurcht mache: Wird sie mich oder werde ich sie kontrollieren? Hier ein paar hilfreiche Ratschläge:

Richte dich auf das aus, was Jesus über den Menschen denkt, mit dem du redest, statt auf das, was die Person, mit der du redest, über dich denkt.

Wenn ich das tue, erlebe ich häufig wie wahr es ist, dass „die vollkommene Liebe alle Angst vertreibt." Solange wir von einer ernstgemeinten Sehnsucht motiviert sind, dass die Menschen Gottes Liebe erfahren, geben die Menschen meiner Erfahrung nach fast immer eine positive Antwort. Gott hat gewöhnliche Menschen wie dich und mich auserwählt, das Evangelium weiterzugeben. Paulus schrieb: „Nun haben wir dieses Licht in unseren Herzen aber wir sind zerbrechliche Gefässe, die einen großartigen Schatz in uns tragen."

Warum? „...damit klar wird, dass unsere große Kraft von Gott kommt und nicht aus uns selbst."8 Deshalb werden wir auch nicht von unseren Schwächen und Versagenserfahrungen geblendet. Wir bleiben voll ausgerichtet auf den großartigen Schatz: die begeisternde Wirklichkeit, dass das Reich Gottes nahe ist.

Das Reich Gottes ist so nah, dass der Heilige Geist in uns lebt. Ich muss mir deshalb immer wieder neu bewusst machen: „Arne – Kopf hoch! Richte deinen Blick nach oben! Sei dir bewusst, dass der Heilige Geist in dir lebt." Es macht einen enormen Unterschied, ob der Heilige Geist in uns lebt oder nicht. (In Kapitel 3 und 4 werde ich das noch deutlicher erklären). Wenn wir ihm vertrauen, können wir Menschen und Situationen aus tiefer innerer Ruhe heraus begegnen.

Vor einigen Jahren besuchte ich Freunde in den Vereinigten Staaten. Sie waren Mitglieder einer Gemeinde in Illinois, welche ein Herz für die Menschen ihrer Stadt hatte. Einige Gemeindemitglieder besuchten jeden Samstag eines der dortigen Gefängnisse. Sie brachten den Gefangenen Essen und Getränke, sangen Lieder und predigten das Evangelium. Meine Freunde fragten mich, ob ich mitkommen wollte und ich sagte zu. Im Auto auf dem Weg zum Gefängnis sagte mir einer meiner Freunde: „Ich hab es ganz vergessen: Heute wirst du dort das Evangelium predigen!" Ich dachte zuerst, sie meinten das nicht ernst und all das sei nur ein nett gemeinter Witz. Aber im Auto lachte keiner und schnell wurde mir klar, dass sie es damit ernst meinten.

In diesem Augenblick ergriff mich diese Angst. „Schon bald schaue ich einigen der härtesten Kriminellen Illinois in die Augen! Was um alles in der Welt kann ich ihnen sagen, um sie zu überzeugen?" In meinem Kopf begannen sich negative Gedanken und Erfahrungen zu formieren. Sie hatten in nur wenigen Augenblicken meine ganze Kühnheit im Keim erstickt.

Wir erreichten das Gefängnis und wurden in einen Raum geführt, in dem schon etwa 30 Gefangene mit mehreren Aufsehern Platz genommen hatten.

In mir tobten Panikgedanken: „Jesus, ich kann das nicht! Ich habe keine Ahnung was ich sagen soll!"

Meine Freunde (ich war mir nicht mehr so sicher, ob ich sie in diesem Augenblick immer noch meine Freunde nennen konnte) hatten begonnen zu singen und ich versuchte mich irgendwie zu sammeln. Ich sagte mir: „Arne, Jesus hat dich berufen ihm zu folgen. Er hat dich berufen die Gute Nachricht weiterzugeben. Er hat versprochen alle Tage deines Lebens bei dir zu sein und das gilt auch für heute. Erzähle das, was auf *deinem* Herzen liegt und Gott wird dafür sorgen, dass deine Worte *ihre* Herzen berühren wird."

Ich müsste lügen, wenn ich sage, dass ich nicht nervös war, als ich vor diesen Gefangenen stand und überhaupt keine Menschenfurcht empfand. Als ich aufstand drohten vor lauter Aufregung meine Knie zu versagen und einzuknicken. Mit einigen einfachen Sätzen erzählte ich was Gott für mich getan hat und mein Leben mit seiner Liebe erfüllt hat. Ich erzählte auch, dass Jesus in diese Welt gekommen war, um die Gefangenen zu befreien. Dann holte ich am Ende tief Luft und schaute die versammelten Gefangenen an: „Jesus ist jetzt hier unter uns. Er kann dich freimachen. Er möchte dich von deiner Vergangenheit befreien und dir eine neue Zukunft geben." Ich traute meinen Augen nicht als einige der Gefangenen aufstanden und nach vorne kamen. Einer nach dem anderen kamen sie nach vorne, bis mehr als die Hälfte von ihnen ihr Leben Jesus gegeben hatten – sogar auch einige der Aufseher! An diesem Samstag wurde mir klar, dass ich obwohl ich voller Menschenfurcht war oder mich als absolut unfähig empfand, niemals vergessen darf wer in mir lebt und wer alle Tage meines Lebens bei mir ist.

Ich muss noch erwähnen, dass die Menschen aus dieser Gemeinde in Illinois immer noch meine Freunde sind. Heute bin ich ihnen dankbar dafür, dass sie mir diese „Gelegenheit" boten zu wachsen und zu lernen.

Getragen von Gebet

Ich möchte dieses erste Kapitel nicht abschliessen, ohne noch etwas über das Gebet gesagt zu haben. Es ist lebensnotwendig, dass Evangelisation von der Liebe Gottes gespeist wird. Aber es ist auch genauso wichtig, dass sie *von Gebet gespeist wird.*

Alle Evangelisation beginnt mit Gebet. John Wesley betonte das, als er sagte, „Alles was Gott tut, wird durch Gebet getan." Paulus schrieb in seinem ersten Brief an Timotheus, „Ich dränge euch zu allererst, betet für alle Menschen. Bitte Gott dass er ihnen hilft; tut Fürbitte und dankt für sie."[9] Im gleichen Abschnitt erklärte er, warum Gebet so wichtig ist. Gott „möchte dass jeder gerettet wird und die Wahrheit versteht."[10]

Wir eröffnen Gott im Gebet einen Weg, genau wie Johannes der Täufer Jesus den Weg gebahnt hat. „Bereitet den Weg für das Kommen des Herrn! Macht die Straße frei für ihn! Die Täler werden gefüllt und die Berge und Hügel eben gemacht werden. Die Kurven werden begradigt und die harten Orte werden weich gemacht. Und dann werden alle Menschen die Errettung sehen, die von Gott gesandt wurde."[11]

Es gibt im Leben der Menschen für die wir beten, hohe Berge und tiefe Täler, holprige Straßen und steinige Pfade, die sie davon abhalten, Gottes Erlösung zu empfangen. „Bereitet den Weg für das Kommen des Herrn" ist ein Aufruf an alle Beter und eine Strategie, die im Gebet praktisch umgesetzt werden kann.

Aber wie sollen wir denn beten? Es ist nicht immer leicht zu wissen, wie man beten soll, „...wir wissen nicht genau, wie wir beten sollen." Glücklicherweise haben wir den Heiligen Geist, denn „der Heilige Geist betet für uns mit Seufzern, die mit Worten nicht zum Ausdruck gebracht werden können."[12] Er kennt die Menschen für die wir beten. Er kennt die hohen Berge und tiefen Täler in ihrem Leben; er kennt die Schlaglöcher auf ihrem Weg und wo es richtig hart für sie ist.

Der Heilige Geist kennt die Hindernisse. Deshalb brauchen wir im Gebet keine Zeit damit verschwenden ihn zu informieren was er tun sollte. Stattdessen gestatten wir dem Heiligen Geist, uns zu informieren. Wir entdecken vielleicht sogar dabei, dass wir manchmal selbst die Erhörung unserer eigenen Gebete sind. Wenn du für deine Nachbarn, Arbeitskollegen oder Klassenkameraden betest, musst du bereit sein, dass Gott mit seinem Finger auf dich zeigt und sagt: „Ich werde diese Menschen durch dich segnen."

Wenn wir für andere beten, müssen wir am Ende immer wieder dazu sagen: *„Herr hier bin ich, sende mich."*

Ausdauer im Gebet

In der Bibel finden sich viele Verheißungen über das Gebet. „Betet und ihr werdet empfangen."[13] „Bittet mich um etwas in meinem Namen und ich werde es tun!"[14] „Wenn zwei von euch auf der Erde über etwas übereinstimmen und darum bitten, wird mein Vater im Himmel es für euch tun."[15]

Ich wurde von diesen Verheißungen inspiriert und habe mich mehr als einmal entschieden, für die Menschen, die ich gerettet sehen wollte, ausdauernd zu beten. Zu Beginn schien es gut zu funktionieren; ich betete bis meine Knöchel weiss wurden. Aber nach einer Weile begann meine Hingabe zu bröckeln. Meine Gebete wurden seltener und ich verlor nach und nach das Ziel aus den Augen. Bin ich der einzige dem es so geht oder hast du dich auch schon einmal so gefühlt?

Dann sind wir schon zwei.

Hier einige vielleicht hilfreiche Ratschläge.

Entspann dich. Zu viel anstrengendes Abmühen kann dein Gebetsleben ersticken. Der Herr sagt denen, die im Gebet ausgebrannt sind: „Seid still und erkennt, dass ich Gott bin!"16 Im Gebet geht es darum, den Geist Gottes durch uns beten zu lassen. Unsere Verantwortung besteht darin offen zu sein, zuzuhören und für den Geist verfügbar zu sein.

Mach dir Notizen. Nimm dir ein Notizbuch und schreibe die Namen der Menschen auf, für die du betest. Du kannst auch andere Gedanken aufschreiben, an die der Heilige Geist dich im Gebet erinnert. Wenn dann die Antwort kommt, kannst du das Buch in ein Dank-Notizbuch verwandeln.

Suche jemanden mit dem du zusammen betest. Viele Verheißungen der Bibel für das Gebet werden zwei oder mehr Menschen gegeben, die gemeinsam beten: „Wenn zwei oder mehr auf der Erde in etwas übereinstimmen und beten..." Suche dir jemand, der dein Herz für die Menschen teilt. Betet für eure Freunde, ermutigt einander und erzählt euch von euren Erlebnissen.

Halte durch. Lass dich von den Worten des Paulus an die Galater motivieren: „Lass uns nicht müde werden Gutes zu tun. Zur rechten Zeit werden wir eine Ernte des Segens einbringen, wenn wir nicht aufgeben."17

Ich lernte einmal eine Frau kennen, die 40 Jahre lang für ihren Mann gebetet hatte. *Jeden einzelnen Tag, vierzig Jahre lang.* Das sind 14600 Tage Gebet. Sie war nicht die einzige, die gebetet hatte; manchmal hatten Freunde aus der Gemeinde mit ihr zusammen gebetet. Vierzig Jahre später begann etwas zu geschehen. Eine Mitglied der Gemeinde nahm mit ihrem Mann Kontakt auf und fragte ihn, ob er nicht an einem Glaubenskurs der Gemeinde teilnehmen wollte. Seine Frau hatte ihn mehrmals schon das gleiche gefragt, aber bis jetzt hatte er immer abgelehnt. Jetzt aber, als die Frage von jemand anderem kam, sagte er ja.

Im Laufe des dritten Abends während des Alphakurses gab dieser Mann Jesus sein Leben. Er stand am Ende dieses Abends auf und sagte: „Vierzig Jahre lang hat meine Frau dafür gebetet, dass ich Christ werde. Heute Abend wurden ihre Gebete erhört. Ich habe mich entschieden, mein Leben Jesus zu geben und möchte ihm für den Rest meines Lebens nachfolgen."

1. Röm. 10:9
2. Joh. 3:16
3. Röm. 5: 5
4. 2. Kor.5:14
5. 1. Sam. 13:14
6. Ps. 25:14
7. Eph. 1:7
8. 2. Kor. 4:7
9. 1. Tim. 2:1
10. 1. Tim. 2:4
11. Luk. 3:4-6
12. Röm. 8:26
13. Matth. 7:7
14. Joh. 14:14
15. Matth. 18:19
16. Ps. 46:10
17. Gal. 6:9

Die Ernte ist reif

Eine mutlose Kirche

Eine Gemeinde mit mehreren hundert Mitgliedern hatte mich zu einem Seminar über Evangelisation eingeladen. Eine große aber entmutigte Gemeinde. In einer Veranstaltung stand einer nach dem anderen auf und „bezeugte", wie verschlossen die Stadt für das Evangelium sei und wie desinteressiert die meisten Menschen schienen.

Die Gemeinde hatte versucht Menschen zu erreichen, sie hatten es wirklich versucht. Es mangelte mit Sicherheit nicht an Initiativen und Programmen. In all ihren Berichten wurde deutlich, dass sie viel harte Arbeit investiert, aber nur sehr wenig Frucht gesehen hatten. In den vergangenen Jahren war so gut wie niemand zum Glauben gekommen.

Ich hörte ihren Berichten zu. Ihre Entmutigung schien ehrlich und vor dem Hintergrund ihrer schlechten Erfahrungen der letzten Jahre sogar absolut verständlich. Nach einer Weile beschloss ich den Heiligen Geist zu fragen, was er denn über den geistlichen Zustand dieser Stadt dachte. War es wirklich so hoffnungslos wie es schien? Sah er etwas anderes als das, was alle anderen zu sehen glaubten? Der Heilige Geist antwortete damit, dass er mich mit einer inneren Erwartung und Begeisterung erfüllte: Eine Erwartung auf das Wirken Gottes in dieser Stadt und eine Begeisterung darüber, wenn ich an all die Menschen dachte, die Gottes Liebe erleben würden. In einer der nächsten Veranstaltungen erzählte ich davon. Ich nannte einige Namen der Menschen, von denen ich glaubte, dass der Heilige Geist mich auf sie aufmerksam gemacht hatte. (Er spricht manchmal mit mir, indem er mir Namen von Menschen gibt. Vielleicht spricht er mit dir anders. Der Geist kann auf tausende Weisen mit uns sprechen.)

Ich nannte die Namen. Maria, Martin. Katrina. Jerry. Lisa. Und noch einige mehr – insgesamt etwa 15 Namen. Ich stellte fest, dass manche in der Versammlung bestätigend nickten, als ich diese Namen nannte. Dann sagte ich: „Diese Menschen sind die Ernte. Lasst uns für sie beten." Als wir fertig gebetet hatten, forderte ich sie heraus, während der kommenden Tage mutig zu sein. „Erzählt von der Liebe Gottes, so wie es für euch natürlich ist." Zusätzlich bat ich sie, diese Menschen dann in den Gottesdienst oder eine Kleingruppe der Gemeinde einzuladen. Viele dieser Menschen reagierten auf diese Einladungen positiv (die Einladenden selbst waren am meisten davon überrascht, wie viele ja gesagt hatten).

Einige Menschen nahmen in den folgenden Tagen Jesus als Herrn in ihr Leben auf. Während der darauffolgenden Wochen und Monaten kamen noch weitere zum Glauben. All das war die Frucht unseres gemeinsamen Hörens auf den Heiligen Geist und dem entsprechenden Handeln aufgrund seiner Hinweise.

Die Ernte ist groß

Jesus sprach in Lukas Kapitel 10, von einer „Ernte", die „groß" ist.[18] Er versuchte erst gar nicht seine Behauptung zu bewahrheiten. Er stellte diese Aussage als Tatsache in den Raum; keine Diskussion. Die Ernte ist groß. Jesus betete in Lukas Kapitel 10 nicht für die Ernte. Er betete stattdessen für die wenigen Arbeiter. „Betet zu dem Herrn, der für die Ernte verantwortlich ist; bittet ihn darum, mehr Arbeiter in sein Erntefeld zu senden." „Große Ernte" bedeutet „viele Menschen". So hatte ich bisher immer gedacht. Aber ich glaube, dass Jesus uns an dieser Stelle mehr sagen wollte, wenn er von der „großen Ernte" sprach.

Was eigentlich ist eine Ernte? Ernte bezeichnet einen fortgeschrittenen Zustand, die abschliessende Phase eines Prozesses. Ein Same wurde in den Boden gepflanzt. Er wurde von Sonnenlicht und Wasser genährt, begann zu sprießen und bohrte sich langsam durch den Boden, bis er die Erdkruste durchbrach. Schliesslich stand eine Pflanze groß im Feld, reif und bereit geerntet zu werden.

Genauso geschieht es mit vielen Menschen. Sie sind auf ihrer

Suche nach Gott so weit gekommen, dass sie wie eine reife Ernte sind. Sie brauchen keine weiteren Beweise mehr für die Existenz Gottes. Sie brauchen auch keine weiteren Traktate, Zeugnisse oder einen Teller warmer Suppe auf der Strasse. Sie brauchen jemanden, der sie erkennt, ernst nimmt und sie den letzten Schritt zu ihrer Entscheidung hinführt.

Jesus sprach von einer großen Ernte. Das bedeutet, viele Menschen sind bereit, ihn und seine Erlösung zu empfangen.

Du kommst heute mit einer reifen Ernte in Kontakt

Du hast wahrscheinlich folgenden Spruch schon einmal gehört „Du siehst den Wald vor lauter Bäumen nicht". Ich würde ihn gerne ein klein wenig abändern und sagen „Du siehst die Ernte wegen all der Menschen nicht".

Du siehst die Ernte wegen all der Menschen nicht

Hier liegt die größte Herausforderung: Jesus sagt die Ernte ist groß, aber wir erkennen sie nicht. Unser größte Herausforderung ist zugleich die wichtigste Strategie des Feindes. Er möchte uns in dem Glauben lassen, dass die Ernte nur klein ist und mit viel harter Arbeit und Widerstand eingebracht werden kann. Unsere persönliche Erfahrung scheint das auch häufig zu bestätigen: Evangelisation und Ernte ist harte Arbeit mit großer Anstrengung und wenig Frucht.

Ich glaube Jesus möchte uns Wege aufzeigen, die Arbeit mit weniger Anstrengung und mehr Frucht zu tun.

Darf ich dir von einem Traum erzählen? Ich stand mitten in einem Feld, ein riesiges weites Maisfeld, so weit das Auge reichte. Wohin ich auch schaute, das Feld war reif zur Ernte: reifer zu Boden gefallener Mais, bereit zu goldenem Korn zu werden. Dieser erstaunliche Anblick versetzte mich in Begeisterung. Nach einer Weile wich diese Begeisterung jedoch der Frustration. Ich stand mitten in diesem enorm grossen, gelben Rechteck und schaute mit hilflos um. „Herr," sagte ich, „Wo soll ich denn anfangen zu ernten? Sollte ich hier starten? Oder am anderen Ende und mich von dort vorarbeiten? Wo um alles in der Welt soll ich denn beginnen?"

Der Herr der Ernte antwortete mir: „Arne, *schaue nach unten*." Ich blickte herunter und bemerkte, dass meine Füsse einige dieser reifen Ähren berührten. Der Herr der Ernte sagte: „Du sollst genau hier beginnen. Du kannst nur die Ernte einbringen, die du berührst."

Du kannst nur die Ernte einbringen, die du berührst

Dieser Traum erfüllte mich mit Freude und tiefem Frieden (eine Bestätigung, dass dieser Traum von Gott kam). Ich wachte am nächsten Morgen erleichtert auf. Mir war klar geworden, dass ich mich nicht abmühen musste, um eine reife Ernte zu entdecken. Ich erkannte, dass ich direkt von ihr umgeben war.

Ich möchte dich ermutigen, während du dieses Buch liest, zu dem Herrn der Ernte zu beten, dass er dir deine Augen öffnet. Lass dich von ihm auf eine Reise mitnehmen. Gehe mit Jesus durch deine Nachbarschaft, deinen Arbeitsplatz, deine Freunde und deine Familie. Bitte ihn dir zu zeigen, was im Leben der Menschen um dich herum geschieht und was er in ihrem Leben tut. Sieh hin, höre und empfinde – nutze alle deine Sinne. Lass dich von dem bewegen, was Jesus dir zeigt.

Sei nicht entmutigt, wenn nicht sofort etwas geschieht. Du gehst mit dem Herrn der Ernte gemeinsam auf Entdeckungsreise. Er ist der Lehrer und du sein Schüler, der von ihm lernt. Sei geduldig und vertraue deinem Lehrer. Er weiß, was er tut. Jesus sagte den ersten Jüngern: „Kommt, folgt mir nach und ich mache euch zu Menschenfischern."[19] Er sagt das Gleiche heute zu dir und mir. Eine Sache, die er uns lehrt ist, dass wir von einer reifen Ernte umgeben sind.

Das 4M Syndrom

Eines Tages waren Jesus und seine Jünger auf der Straße unterwegs von Jerusalem nach Galiläa.[20] Sie nahmen eine Abkürzung durch Samaria, eine Gegend, um die viele Juden lieber einen Bogen machten, um zu vermeiden auf einen dieser verachteten Samariter zu treffen. Als sie müde und hungrig Sychar in Samarien erreichten, gingen die Jünger in die Stadt um Essen zu besorgen. Jesus kam aber nicht mit. Stattdessen setzte er sich an einen Brunnen außerhalb der Stadt. Dort traf er auf eine Frau, die ein Leben in Sünde führte. Jesus verdammte sie nicht, er begegnete ihr mit einer solchen Liebe, dass sie vollkommen vergaß, warum sie eigentlich zu dem Brunnen gekommen war. Sie ließ ihren Wasserkrug stehen, ging zurück in die Stadt und erzählte jedem, dem sie begegnete, „Komm und lerne diesen Mann kennen, der mir alles erzählt hat, was ich jemals getan habe!"

Als die Jünger Jesus dort am Brunnen fanden, konnten sie nur an die eine Tatsache denken, dass sie Hunger hatten. „Rabbi, komm und iss!", sagten sie zu ihm. Jesus antwortete: „Meine Speise ist es, den Willen dessen zu tun, der mich gesandt hat. Aber ich sage euch: Erhebt eure Blicke und seht die Felder! Sie sind bereit zur Ernte."

Viele Christen haben heutzutage die gleiche Einstellung, wie die Jünger dort in der Stadt Sychar. „Heute nicht, aber in etwa vier Monaten sollte es eventuell möglich sein." Ich nenne dies das „4M Syndrom" (Vier Monats-Syndrom). Man entdeckt das sehr häufig unter Christen. Wir setzen für unsere Gebete und unsere Erwartungen an Gott einen zeitlichen Puffer von vier Monaten. Aber Gott sagt, „Jetzt ist die richtige Zeit, heute ist der Tag des Heils!"

Diese vier Extra-Monate stehen für unseren Mangel an Erfahrung (oder negative Erfahrung) mit der Ernte. Wir verlagern unsere Erwartungen in die Zukunft und schützen uns damit vor Enttäuschung und Versagen heute. Das Problem ist, dass wir uns damit zugleich auch von den Möglichkeiten abschirmen, die Gott uns im hier und jetzt geben möchte. Wir erwarten nicht mehr länger, dass Jesus auch heute noch Menschen retten kann.

Die Frau am Brunnen in Sychar war nicht von dem 4M Syndrom befallen. Sie saß nicht dort und wartete auf eine passende Gelegenheit, Jesus zu bezeugen. Sie ließ ihren Wasserkrug stehen und lief direkt in die Stadt zurück. Die Stadt war voller Menschen, die reif waren für die Ernte. „Viele Samariter in dieser Stadt kamen zum Glauben an Jesus wegen des Zeugnisses der Frau." Die Jünger waren alle ein paar Minuten vorher selbst in der Stadt gewesen. Sie hätten weit mehr von Jesus zu erzählen gehabt als diese samaritanische Frau. Aber sie erzählten niemandem davon. Das einzige woran sie dachten war, wie sie ihre eigenen Bedürfnisse stillen könnten, was nichts anderes hieß als: ESSEN! PRONTO! SOFORT! Als die Jünger in die Stadt kamen, „konnten sie die Ernte der Menschen dort nicht sehen." Erst als Jesus sie aufforderte, ihre Augen zu erheben, konnten sie die Ernte wahrnehmen. Sie sahen all diese Menschen, die sich auf den Weg zu Jesus gemacht hatten, aufgrund des Zeugnisses dieser Frau, die in ihrer Begeisterung, anderen von Jesus zu erzählen, ihre eigenen Bedürfnisse vergessen hatte.

Heute ist der Tag der Erlösung

Einmal bat mich ein junger Mann für seine Mutter zu beten. Er erzählte, er habe schon viele Jahre für die Errettung seiner Mutter gebetet. Natürlich bejahte ich. Bevor ich begann zu beten, fragte ich den Heiligen Geist, „Wie soll ich denn für diese Frau beten?" Ich stelle diese Frage häufig, weil ich nicht weiß, wie ich beten soll. Ich bat den Heiligen Geist, „der für uns mit einem Seufzen betet, das mit Worten nicht ausgedrückt werden kann." Gleichzeitig dachte ich, „Der Sohn erzählt mir, er habe schon mehrere Jahre für seine Mutter gebetet. Wir wissen, dass Gott Gebete erhört, die seinem Willen entsprechen. Eins plus Eins ist Zwei."

Manchmal gewöhnen wir uns so sehr an unsere Gebete für jemanden, dass wir nicht einmal merken, wenn Gott antwortet. Im Grunde erwarten wir eigentlich gar nicht, dass unsere Gebete beantwortet werden. Könnte dies in dieser Situation eventuell auch der Fall sein?

Als ich den Heiligen Geist fragte, hatte ich das Empfinden, dass die Mutter keine weiteren Gebete mehr brauchte. Sie war bereit Jesus anzunehmen, brauchte aber für diesen Schritt ein wenig Hilfe.

„Können wir deine Mutter anrufen?", fragte ich den jungen Mann. Er schien zuerst ein wenig überrascht, nahm aber dann sein Handy aus der Tasche und gab es mir.

Ich sagte ihr am Telefon, „Ihr Sohn hat mir gesagt, er habe schon mehrere Jahre für Sie gebetet." Seine Mutter antwortete, „Das überrascht mich nicht. Er ist ein netter und aufmerksamer Junge." „Haben Sie jemals darüber nachgedacht, Ihren Frieden mit Gott zu schließen?" fragte ich sie. „Ich habe in letzter Zeit schon immer wieder darüber nachgedacht," fuhr sie fort, „aber ich bin mir unsicher, wie so etwas aussehen könnte." Ich erzählte ihr wie einfach das war. Jesus hat schon alles getan, was getan werden musste, damit wir Frieden mit ihm haben. Wir müssen sein Geschenk einfach nur annehmen und ihm dafür danken. Ich erzählte ihr was es bedeutete, Jesus als ihren Herrn und

Erlöser anzunehmen und ihm ihr Leben anzuvertrauen.

„Möchten sie diesen Schritt jetzt gehen?" fragte ich sie. Sie bejahte diese Frage sofort und wir beteten dort am Telefon ein einfaches Übergabegebet, bevor wir dann unser Gespräch beendeten. Als ich dem Sohn das Telefon wieder zurückgab, konnte ich die Tränen in seinen Augen sehen.

Eine Gemeinde bereitete einmal einen Alphakurs vor und hatte unter anderem dafür auch in der örtlichen Tageszeitung geworben. Ein Mann hatte die Zeitungsanzeige gelesen und rief an, um mehr über den Kurs zu erfahren. Mit seinen Worten - er war „ein wenig neugierig auf Jesus."

Eine Mitarbeiterin der Gemeinde erzählte ihm ein wenig über den Alphakurs, einen Einführungskurs in den christlichen Glauben. Am Ende des Gespräches lud sie ihn ein, zwei Wochen später zu Beginn des Kurses in die Gemeinde zu kommen. Das Telefongespräch sorgte für Begeisterung während der Mittagspause. Ein Mann zeigte Interesse an Jesus und dachte darüber nach, am Alphakurs teilzunehmen!

Mein erster Gedanke war: „Großartig!" Mein zweiter Gedanke war: „In zwei Wochen? Warum sollte dieser Mann jetzt zwei Wochen warten, wenn er doch heute offen dafür war, mehr von Jesus zu erfahren?" Ich bat um die Telefonnummer des Mannes und verließ den Aufenthaltsraum. John war von meinem Anruf überrascht, war aber sehr offen für ein Gespräch. Er erzählte mir, er habe sich zur Teilnahme an dem Alphakurs in der Gemeinde entschlossen. Während unseres Gespräches wurde immer klarer:

Er muss nicht zwei Wochen warten, er kann Jesus auch heute empfangen. Nachdem wir eine Zeit lang telefoniert hatten, schlug ich ein persönliches Treffen vor. „Haben Sie Zeit?" Er schlug vor, „Wenn Sie möchten, lade ich Sie gerne zu mir nach Hause ein." Ein paar Stunden später saßen ich und ein weiterer Mann aus der Gemeinde zu Hause in seinem Wohnzimmer. Wir unterhielten uns weiter so offen und entspannt über den christlichen Glauben, wie vorher schon am Telefon.

John war mehr als „nur ein wenig neugierig" auf Jesus. Schliesslich fragten wir ihn, ob er Jesus denn hier und jetzt in sein Leben aufnehmen wollte. Er sah keinen Grund mehr, dies noch länger aufzuschieben. Wir beteten dort im Wohnzimmer auf der Couch für ihn und John gab Jesus sein Leben. Zwei Wochen später begann er mit dem Alphakurs und lernte mehr über Jesus, dem er sich schon entschieden hatte nachzufolgen.

Bete „tagesaktuelle heutige Gebete"!

Als Jesus in der Synagoge seiner Heimatstadt Nazareth aufstand, öffnete er die Schriftrolle und las folgenden Abschnitt aus dem Buch des Propheten Jesaja: „Der Geist Gottes, des Herrn, ruht auf mir; denn der Herr hat mich gesalbt. Er hat mich gesandt, damit ich den Armen eine frohe Botschaft bringe und alle heile, deren Herz zerbrochen ist, damit ich den Gefangenen die Entlassung verkünde und den Gefesselten die Befreiung, damit ich ein Gnadenjahr des Herrn ausrufe, einen Tag der Vergeltung unseres Gottes, damit ich alle Trauernden tröste, die Trauernden Zions erfreue, ihnen Schmuck bringe anstelle von Schmutz, Freudenöl statt Trauergewand, Jubel statt der Verzweiflung.

Man wird sie «Die Eichen der Gerechtigkeit» nennen, «Die Pflanzung, durch die der Herr seine Herrlichkeit zeigt" (Jes. 61, 1-3)21 Er schloss die die Schriftolle wieder und sagte, während sämtliche Blicke auf ihn gerichtet waren: „Die Schriftstelle, die ihr gerade gehört habt, ist heute vor euren Augen in Erfüllung gegangen!"

Heute! Jesus persönlich war die Erfüllung dieser Schriftstelle. Er war es damals und ist es heute noch genauso. „Jesus Christus ist der Gleiche gestern, heute und in Ewigkeit".22 Der wirkungsvollste Weg das „4M Syndrom" zu beseitigen besteht darin, „heute Gebete" zu beten.

„Herr, ich möchte unter einem offenen Himmel leben – heute."

„Herr, lass mich mit meinen Augen sehen, dass die Ernte reif ist – heute."

„Herr, lass mich das Evangelium einem Menschen weitergeben – heute."

„Herr, lass mich jemanden zu dir führen – heute."

Ich bin überzeugt, dass dies Gebete nach dem Herzen Gottes sind, denn er möchte, „dass alle Menschen gerettet und zur Erkenntnis der Wahrheit kommen." Wenn ich solche „heute Gebete" spreche, geschieht etwas mit mir. Ich werde mit einer Erwartung für den heutigen Tag erfüllt und ich kann sagen: „Gott sei Dank ist heute Montag!"

Gestern ist geschehen und niemand weiß, was der Tag morgen bringen wird. Heute aber kann ich dem Herrn dienen, Jesus nachfolgen und dem Heiligen Geist gehorsam sein.

Die Ernte ist reif

Ich schreibe gerade den Abschluss dieses zweiten Kapitels darüber, dass die Ernte reif ist, als der Wecker meines Telefons klingelt. (Ich sage das jetzt nicht, um einen dramatischen Schlusspunkt für das Ende dieses Kapitels zu setzen). Ich hatte es beinahe vergessen! Ich hatte einen Termin mit Mary, einer Frau aus meiner Gemeinde. Wir hatten vor einiger Zeit telefoniert und Mary hatte mir erzählt, wie sehr entmutigt sie sei. „Es fällt mir so schwer, meinen Arbeitskollegen das Evangelium weiterzugeben," sagte sie. „Was soll ich ihnen denn sagen? Wie kann ich sie erreichen?" Ich versuchte sie zu ermutigen. „Mary, setz dich nicht unter diesen Druck, das Evangelium weitergeben zu müssen. Gott wird dir ganz natürliche Gelegenheiten dafür geben. Mache dir immer wieder bewusst, du bist mit dem Heiligen Geist erfüllt worden und seitdem lebt die Liebe Gottes in dir und deine Arbeitskollegen werden das merken. Ich forderte sie heraus, in der vor ihr liegenden Woche aufmerksam auf die Führung des Geistes zu achten. „Vielleicht erzählt dir jemand ein persönliches Problem? Dies ist häufig ein Signal. Warum erzählen sie dir so etwas? Aus dem einfachen Grund, weil du die Antwort auf ihre Herausforderung und Probleme hast. Jesus Christus ist diese Antwort". Einige Tage später war genau das geschehen. Ein Kollege im Seniorenheim, in dem Mary arbeitet, kam zu ihr und vertraute sich ihr an. „Meine Krankheit ist wieder zurückgekommen." Mary empfand tiefes Mitgefühl für diese Frau. Sie erinnerte sich in diesem Augenblick an unser Gespräch: Ist dies nun dieses Signal? Sie fragte die Kollegin: „Darf ich gemeinsam mit jemandem aus meiner Gemeinde für sie beten?" Genau deshalb klingelte grade mein Telefon. Ich musste zu diesem Treffen mit Mary und ihrer Arbeitskollegin.

Wieder zurück

Wir hatten eine schöne Zeit im Haus von Mary's Kollegin. Sie strahlte, als wir zu ihr nach Hause kamen und war dankbar, dass wir für sie beten würden. Wir legten ihr die Hände auf und beteten, dass die Kraft Gottes, seine Heilung und Stärke sie erfüllte. Wir erzählten ihr die Gute Nachricht von Jesus Christus. Sie wollte seine Erlösung annehmen und ebenfalls Teil des Hauskreises werden, zu dem Mary gehörte.

Ihre Kollegin hätte natürlich auch selbst eine Kirche in ihrer Gegend finden und dort um Gebet bitten können. Wahrscheinlich hätte dies aber wesentlich länger gedauert. Nun hatte Jesus selbst sie durch ihre christliche Arbeitskollegin gefunden. Mary hatte nicht geplant ihre Kollegin zu Christus zu führen; sie hatte einfach nur ihr Mitgefühl zum Ausdruck gebracht. Häufig braucht es nicht viel mehr als das. Kleine Dinge aus tiefer Liebe heraus getan, können Menschen den Weg zum Glauben eröffnen.

Ich war in meinem Schreiben unterbrochen worden aber nicht vom Weg abgekommen. Diese kleine Unterbrechung macht deutlich, was ich in Kapitel 2 versucht habe zu beschreiben: *Die Ernte ist reif!* Du und ich, wir sehen jeden Tag wie sehr die Ernte reif ist. Wir müssen nicht vier Monate auf die Ernte warten. Wir können sie heute erleben. *Heute* ist der Tag der Errettung.

18. Matth. 4;19
19. Luk. 10;2
20. Joh. 4;18-19
21. Luk. 4;18-19
22. Hebr. 13;8
23. Joh. 4;1-42

3

Ausgesandt mit einem Auftrag

Das Leitbild

Jesus las in der Synagoge aus der Schriftrolle des Buches Jesajas:

„Der Geist des Herrn ist auf mir, weil er mich gesalbt hat, den Armen Gute Nachricht zu verkünden. Er hat mich gesandt um den Gefangenen die Freiheit zu verkünden und den Blinden die Augen zu öffnen, die Unterdrückten zu befreien und das Jahr der Gnade des Herrn zu verkündigen."[23]

Anschließend sagte er: „Heute ist diese Schrift vor euren Augen erfüllt worden" und erfüllte damit Jesajas Prophetie. Er machte die Worte des Propheten zu seiner eigenen Mission: Dazu bin ich gekommen, „den Armen die Gute Nachricht zu predigen." Jesus war aber nicht nur zufrieden damit die Gute Nachricht zu predigen; er demonstrierte die Gute Nachricht in der Praxis. Die Evangelien erzählen Geschichten von Gefangenen, die befreit wurden, Blinden die ihr Augenlicht wieder erhielten und Belasteten, die befreit wurden.

Der Autor des Hebräerbriefs verkündet, dass „Jesus Christus der Gleiche ist gestern, heute und in Ewigkeit." Das muss bedeuten, dass all das, was Jesus gestern getan hat, er heute noch genauso tut. Aber Jesus ist im Himmel und sitzt dort zur Rechten des Vaters. Wie kann er dann heute noch die gleichen Dinge tun, die er im Laufe seiner Zeit auf der Erde tat? Weil heute die Kirche sein Leib auf der Erde ist.

Die Kirche sein

Die Kirche ist kein Gebäude mit spitzem Kirchturm. Mann kann nicht in einer Kirche stehen oder zu einer Kirche gehen. Die Kirche ist ein Leib, der Leib Jesu.24 Jesus wird die gleichen Dinge tun, wie er sie während seiner Zeit auf der Erde tat. Er wird durch die Kirche die Realität des Reiches Gottes verkünden und demonstrieren. Deshalb ist diese Formulierung des Auftrags in der Synagoge von Nazareth die Vorlage für das heutige Auftreten und Wirken der Kirche. Diese Vorlage sagt uns, dass wir gesalbt sind „zu predigen", mit anderen Worten, wir wurden für einen konkreten Zweck gesalbt.

Die Kirche ist kein Gebäude aus leblosen Bestandteilen. Sie besteht aus „lebendigen Steinen, die Gott zu seinem geistlichen Tempel zusammenbaut."25 Jesus ist der Eckstein26 in dem geistlichen Tempel, der aus Menschen besteht, die mit dem Heiligen Geist erfüllt sind und den Auftrag zu Ende bringen möchten, den er uns allen gemeinsam gegeben hat.

Wir gehören als Jünger nicht nur zu Christus sondern auch

zueinander. Als Brüder und Schwestern können wir die Aufgabe, die uns Jesus gegeben hat, gemeinsam erfüllen (dieser Punkt ist so entscheidend, dass ich ihm in diesem Buch das gesamte letzte Kapitel gewidmet habe).

Der Leib beginnt zu funktionieren

Ein Mann erklärte am Telefon, "Wir sind der vielen Meetings und Aktivitäten so müde." Er sagte „wir", denn er sprach für mehrere – er selbst, seine Frau und einige Freunde. Ich fragte ihn, „Wonach sehnen Sie sich?" Er antwortete, „das Leben zu leben, von dem wir in der Bibel lesen. Wir haben aber keine Vorstellung davon wie das gehen soll."

Zwei Wochen später trafen wir uns in seinem Wohnzimmer. Wir waren vierzehn Personen, es gab Sandwiches, wir tranken Tee und erzählten einander unsere Träume. Ein Freund von mir lehrte über einige grundlegende Wahrheiten aus der Bibel. Danach teilten wir das miteinander, was Gott uns anvertraut hatte: ein persönliches Wort, Worte der Ermutigung und Auferbauung. Wir beteten für einige von uns und manche wurden geheilt. Nicht jeder dort im Wohnzimmer kannte Jesus als seinen persönlichen Erlöser. Als sie jedoch diese warmherzige Gemeinschaft und die geistlichen Gaben in Aktion erlebten geschah etwas in ihnen. Zwei von ihnen gaben am Ende dieses Abends Jesus ihr Leben.

Zwei Wochen später trafen wir uns wieder in dem gleichen Haus, diesmal waren sogar mehr Menschen dort im Wohnzimmer versammelt. Es hatte sich herumgesprochen und die Menschen waren begeistert. Die Predigt an jenem Abend hatte Hoffnung geweckt. Die geistlichen Gaben begannen unter uns zu wirken und die Kraft Gottes war spürbar. Was an diesem Abend begann setzte sich auch in weiteren Treffen dieser Art fort: Gott begegnete den Menschen in vielen ihrer Lebensbereiche..

Der Leib Christi hatte begonnen zu funktionieren. Gegen Ende des ersten Jahres auf diesem Weg konnten wir voller Dankbarkeit auf ein „Jahr der Gunst des Herrn" zurückschauen. Wir hatten den Geist des Herrn gemeinsam erlebt und viele hatten die gute Nachricht persönlich empfangen, für deren Weitergabe Gott uns gesalbt hatte.

Mittlerweile war das Wohnzimmer zu klein geworden. Heute versammelt sich diese Gemeinde in einem größeren Gebäude. Es ist aber nicht das Gebäude, das diese Kirche ausmacht. Die Kirche ist der Leib, der Leib Christi.

Es geht immer um Menschen

Als die Jünger an Pfingsten mit dem Heiligen Geist erfüllt wurden, geschah etwas mit ihnen. Es sprach nicht nur jeder in einer anderen Sprache „wie es ihnen der Heilige Geist eingegeben hatte",[27] sondern auch der Raum, in dem sie sich versammelt hatten, schien auf einmal zu klein geworden zu sein. Sie mussten einfach nach draußen! Also verliessen sie die Sicherheit ihrer überschaubaren Gemeinschaft und gingen auf die Strassen Jerusalems hinaus, dorthin wo die Menschen waren. Wenn wir mit dem Heiligen erfüllt leben, wird er uns zu Menschen führen. Das Ziel sind immer die Menschen. Deshalb hat Jesus uns seinen Geist gegeben, damit wir seine Zeugen sein können. „Ihr werden Kraft empfangen und meine Zeugen sein in Jerusalem und in ganz Judäa und Samarien bis an die Grenzen der Erde."[28]

Am Pfingsttag hörten die Menschen „aus jeder Nation die in Jerusalem lebten,"[29] das Zeugnis von Jesus.

Der Heilige Geist kommuniziert mit den Menschen in ihrer jeweiligen Geschichte, Sprache oder Kultur.

Der Heilige Geist kommuniziert mit den Menschen in ihrer jeweiligen Geschichte, Sprache oder Kultur. Er möchte berühren, überführen, heilen, wiederherstellen und befreien. Er möchte das durch dich und mich tun – die Kirche, sein Leib.

Mit dem Heiligen Geist erfüllt zu leben ist natürlich auch von großer Bedeutung für deinen persönlichen Weg mit Gott. Mit dem Geist erfüllt zu sein ist jedoch genauso wichtig wegen all der Menschen, denen du jeden Tag begegnest. Der Auftrag, der dir übertragen wurde, ist größer als du. Der Heilige Geist wurde dir nicht nur für dein eigenes Wohlbefinden gegeben. „Heiliger Geist, gib mir mehr von dir!" Der Heilige Geist stellt dieses Gebet auf den Kopf: „Arne, gib mir mehr von dir!" Es gibt ein großer Unterschied zwischen unserem Empfang des Heiligen Geistes und dass wir ihm alles von uns geben. Genau das geschah im Grunde an Pfingsten. Die Jünger hatten den

Heiligen Geist schon empfangen als Jesus auferstanden war und ihnen sagte, „Empfangt den Heiligen Geist."30 Fünfzig Tage später empfingen sie das, was ihnen der „Vater verheißen hatte"31 als sie in Jerusalem mit dem Heiligen Geist getauft wurden.

Es heißt, dass „der Heilige Geist das Haus erfüllte"32 – nicht nur den Raum in dem sie waren, sondern das ganze Haus, *ihr gesamtes Leben*. Es gab im Leben der Jünger keine Räume mehr, die vor dem Heiligen Geist verschlossen waren, kein Schild mit der Aufschrift, „PRIVAT! KEIN ZUTRITT!. Jesus erfüllte das ganze Haus mit seinem Auferstehungsleben.

Der Heilige Geist überführt Menschen von Sünde

Nachdem Petrus mit dem Heiligen Geist erfüllt worden war, stand er auf und sprach zu der versammelten Menge der gläubigen Juden „aus allen Nation die in Jerusalem versammelt waren."33 Er führte sie durch die Schrift und zeigte ihnen, dass in Jesus alle Verheißungen in Erfüllung gegangen waren. Am Ende erzählte er ihnen, dass „Gott diesen Jesus, den ihr gekreuzigt habt, zum Herrn und Messias bestimmt hatte!"34

Als Petrus das sagte, geschah etwas in den Herzen seiner Zuhörer. Die Botschaft „ging ihnen durchs Herz." Sie wurden von ihren Sünden überführt und fragten Petrus und die anderen Jünger: „Was sollen wir tun, Brüder?"

Denk einmal einen Augenblick darüber nach: Was wäre geschehen, hätte Petrus diese Predigt einen Tag vorher gehalten? Wort für Wort die gleiche Ansprache, einen Tag vor Pfingsten. Nicht allzu viel. Es waren nicht die überzeugenden Argumente des Petrus, welche „die Herzen der Zuhörer durchdrangen". Es war der Heilige Geist, der sie von ihrer Sünde überführt hatte.

Der Heilige Geist tut das gleiche heute auch noch. Es ist sein Job, die Menschen von ihrer Sünde zu überführen und nicht unserer.

Es ist seine Aufgabe Menschen von Sünde zu überführen nicht unserer.

Ich muss zugeben, ich versuche ihm hier immer wieder ein wenig nachzuhelfen, war jedoch dabei nicht sonderlich erfolgreich. Das einzige wovon ich Menschen dann immer wieder überzeugte war, dass es sinnlos war, sich mit Arne Skagen weiter zu unterhalten.

Eine Frau in England erzählte mir einmal, sie habe mit einem Geistheiler gesprochen, der ihr fünf fürchterliche Jahre vorhersagte. Zwei Wochen später war die Frau gemeinsam mit ihrem Mann abends in einem Restaurant zum Essen, als sich dort eine der Lampenhalterungen von der Decke löste und ihren Mann am Kopf traf. Er wurden so schwer verletzt, dass er mehrere Wochen im Koma lag. Aufgrund dieses Unfalls verlor ihr Mann seine Arbeit und daraus ergab sich eine Komplikation nach der anderen. Wir saßen eine Zeitlang gemeinsam dort in ihrem Wohnzimmer – mein Freund und ich – und hörten dieser zutiefst verzweifelten Frau zu. Als sie ihre Geschichte schliesslich zu Ende erzählt hatte, schaute sie uns voller Erwartung an und wir erzählten ihr von Jesus. „Wir glauben, dass er einen entscheidenden Unterschied in ihrem Leben machen wird," sagte ich ihr. Die Frau antwortete umgehend: „Ich glaube an Krishna. Das muss des Guten genug sein."

Ich gab nicht auf. Mein Kampfgeist war geweckt, also versuchte ich diese Frau auf unterschiedliche Weise zu überzeugen, dass Jesus einzigartig wäre und die Kraft hätte, sie zu befreien. Ich kam damit aber nirgendwo hin. Es schien als würde ich taube Ohren anpredigen. Wir wanderten vom Wohnzimmer in ihre Küche, wo uns die Frau einen Tee machte. Dort am Küchentisch führten wir mit Teegläsern in der Hand unser Gespräch fort und meine innere Frustration wuchs zunehmend. Meine Überzeugungsversuche schienen ins Leere zu laufen. Das Gespräch wurde immer mehr zu einer argumentativen Diskussion. Das Mitgefühl, das ich zu Beginn unserer Unterhaltung für sie empfunden hatte, begann sich in Luft aufzulösen.

Ich fühlte in mir eine stärker werdende Verzweiflung aufsteigen: „Heiliger Geist, hilf mir! Ich komme hier nirgendwo hin!"

Sehr bald wurde mir klar wo das Problem lag. Ich erkannte, dass ich die ganze Zeit versuchte sie zu überzeugen und zwar nicht durch die Kraft des Heiligen Geistes sondern durch die Kraft von Arne Skagen. Ich betete innerlich: „Herr vergib mir. Heiliger Geist, tu das, was nur du tun kannst."

Unser Gespräch kam nun langsam in Gang und die Atmosphäre öffnete sich. Ich nahm in mir immer deutlicher ein bestimmtes Wort wahr. War es ein Name? Wenn ja, dann war mir dieser Name vollkommen unbekannt. Ich hörte ihn aber immer wieder. Schliesslich fragte ich die Frau, ob dieser Name ihr irgendetwas bedeuten würde. Sie nickte. „Dies ist einer unserer Götter, der Gott der Verwirrung. Als wir dieses Haus kauften, weihte meine Schwiegermutter ihm dieses Haus."

Mein Freund und ich blickten uns an. Ich fragte die Frau, ob wir für ihr Haus beten könnten. Sie nickte. Ich betete, dass die Verwirrung im Namen Jesu gehen sollte und sich der Friede Gottes über dieses ganze Haus legte. Im Anschluss schaute uns die Frau an und sagte: „Bitte helfen Sie mir." Ich fragte sie, „was können wir für Sie tun?" „Sagen Sie mir wie ich Jesus empfangen und Vergebung meiner Sünden empfangen kann." Ich hatte in meiner eigenen Kraft die Frau zu überzeugen versucht, was zu nichts geführt hatte. Als ich schliesslich aufgab und dem Heiligen Geist die Initiative überliess, überzeugte er die Frau, dass sie Jesus und seine Vergebung brauchte.

Wir sind alle Zeugen

Jesus erzählte im Johannesevangelium, dass sein Vater ihn mit einem Auftrag in diese Welt gesandt hatte. Er erwähnte das nicht nur so im Nebensatz – er gebrauchte diesen Begriff „gesandt" in diesem Evangelium vierzig Mal. Seinen Jüngern sagte er, „Wie mich der Vater gesandt hat, so sende ich euch."[35]

Als Jünger Jesu bist du ein Gesandter. Wir sind *alle* Zeugen, ob wir uns dessen bewusst sind oder nicht. Wir bezeugen mit unseren Worten und noch wesentlich mehr mit unseren Taten. Vielleicht hast du manchmal das Gleiche wie ich auch schon erlebt – deine Taten sprechen wesentlich lauter als deine Worte. Anders ausgedrückt, es ist wie wenn man sagt, „Ich kann nicht hören was du sagst, weil dein Leben so viel lauter spricht!"

Jesus sprach ziemlich selbstbewusst von sich, als er sagte „jeder der mich gesehen hat, hat auch den Vater gesehen."36 Jesus zeigte der Welt seinen Vater durch sein Leben. Für uns gilt genau das Gleiche. Wie ich meinen Beruf ausübe, wie ich mit anderen Menschen umgehe, wie ich mit meinem Geld und Eigentum umgehe – bei allem geht es darum Menschen für Jesus zu gewinnen.

Wir müssen nicht in jeder Situation unbedingt die Stimme Gottes hören oder eine Offenbarung empfangen, wie wir Zeugen für Jesus sein sollen. Wir können uns ganz einfach jeden Tag entscheiden als Zeuge Jesu zu leben – eine bewusste Entscheidung treffen. Genau so verbreitete sich das Evangelium über die ganze Welt – durch Menschen, die von Jesus bewegt waren, ihr Leben mit anderen teilten und die Liebe Gottes in Wort und Tat zum Ausdruck brachten. Die wirkungsvollste Jüngerschaftsausbildung geschieht auf den Knien; sich beugen und andere groß machen.

Die wirkungsvollste
Jüngerschaftsausbildung geschieht auf den
Knien; sich beugen und andere groß machen.

Zeugnis in Wort und Tat

Thomas wuchs in einer christlichen Familie auf, die sich sehr aktiv in der Kirche engagierte. Er ließ als Teenager seinen Glauben und seine Kirche hinter sich. Als Erwachsener begegnete er Gott ganz neu, kehrte zu Jesus zurück und wurde mit dem Heiligen Geist erfüllt. Daraufhin entstaubte er seine Bibel, die er jahrelang im Bücherregal abgestellt hatte und begann sie mit großer Neugier zu lesen. Als er dann in seine frühere Gemeinde zurückkehrte, bemerkten die Menschen, dass mit ihm etwas anders war als früher. Thomas sprach voller Leidenschaft über seine Freunde und Bekannte, die Jesus noch nicht kannten. Er wurde wieder Gemeindemitglied und besuchte die Gottesdienste am Sonntag. Am Wochenende war er jedoch überhaupt nicht entmutigt. Zu Wochenbeginn war er einer von denen, die sich innerlich bewusst machten: Gott sei Dank, es ist Montag!

Chris war Bauarbeiter, ein Mann weniger Worte, der während der Arbeit am liebsten seine Werkzeuge sprechen ließ. Als seine Freunde in der Gemeinde dann die Zeugnisse über Menschen hörten, denen Gott an Chris' Arbeitsplatz begegnet war, sprachen diese mehr von seinen praktischen Fähigkeiten als seinen Predigtkünsten. „Er ist großzügig, ein harter Arbeiter und tut das für seine Kunden und für den Herrn. Er geht für seine Kunden die Extrameile und das ohne ihnen mehr dafür zu berechnen. Er trifft sich mit den Menschen, die er durch seine Arbeit kennenlernt und baut mit ihnen Freundschaft. Wenn er mit den Menschen über Jesus redet, wechselt er nicht in den Prediger-Modus; Er redet mit ihnen wie wenn er über

Baustoffe diskutieren würde." Um Chris herum begann etwas zu geschehen: immer mehr Menschen nahmen Jesus als Herrn in ihr Leben auf, die Woche über, auf der Baustelle oder bei Chris zu Hause. Dieser ruhige Bauarbeiter war überall ein Zeuge Jesu. Wenn du mit Chris unterwegs gewesen wärst, hättest du sehr schnell sein Geheimnis entdecken können: Er strahlte still und mit innerer Ruhe die Liebe und Fürsorge für andere Menschen aus.

„Das ist alles das Werk des Heiligen Geistes," beschrieb Chris das, was um ihn herum geschah. Er fügte hinzu, dass er für ein solches Leben vollkommen von einer engen persönlichen Beziehung mit dem Heiligen Geist abhängig sei.

Hören und Tun

Man erregt keinen großen Widerspruch, wenn man wie ich in diesem Kapitel darüber schreibt, dass ein Jünger Jesu als Gesandter lebt. Die Tatsache, dass Jesus den Ausdruck „gesandt" alleine im Johannes-Evangelium vierzig mal gebrauchte, lässt Menschen zustimmend nicken, wenn sie das hören. Wenn du zustimmend nickst, tust du das aus intellektueller Zustimmung. Du verstehst rational was 'gesandt zu sein' bedeutet. Im Gleichnis von Jesus und dem Wahrsager haben viele Menschen genau das getan. Sie hörten das Wort Gottes und schienen es zu verstehen, aber es schlug niemals Wurzeln in ihrem Herz. Die Menschen, die das Wort hören und es tief in ihrem Herzen wachsen lassen, sind diejenigen, die „Gottes Wort hören, daran festhalten und geduldig eine riesige Ernte hervorbringen."37 Die Menschen, die das Wort in ihrem Herzen bewahren, verschwenden nicht nur ein paar intellektuelle Gedanken daran. Sie nehmen das Wort mit all ihren fünf Sinnen auf und werden eins mit ihm. Dann wird das Wort in ihnen auch tatsächlich Frucht hervorbringen. Jakobus sagte es deutlich, „Hört nicht nur das Wort Gottes. Ihr müsst auch das tun, was es sagt."38

Wenn das Wort von unserem Kopf in unser Herz und dann von dort in unsere Arme und Beine wandert, werden um uns herum Dinge geschehen. Dann erleben wir, dass die gleichen Dinge geschehen, die im Leben von Jesus geschehen sind: Menschen werden befreit, damit sie das Leben leben können, das Gott für sie schon immer geplant hatte.

Gesalbt für einen Auftrag

„Der Geist des Herrn ist auf mir," sagte Jesus in der Synagoge in Nazareth, als er sich die Worte des Propheten Jesaja zu eigen machte. Im gleichen Atemzug fügte er hinzu: „Denn er hat mich gesalbt, den Armen die Gute Nachricht zu bringen."39 Jesus war für einen konkreten Auftrag gesalbt worden. Mit der Salbung kam der Auftrag. Jesus war gesalbt zu verkünden und zu demonstrieren, dass das Reich Gottes nahe herbei gekommen war. Im Philipperbrief wird beschrieben, dass Jesus, der selbst Gott war, „stattdessen seine göttlichen Vorrechte niederlegte und die demütige Stellung eines Sklaven annahm."40 Er erniedrigte sich und wurde einer von uns, mit dem entscheidenden Unterschied: er war ohne Sünde.

Da er so auf die Erde kam – aus freiem Willen und alle seine göttlichen Vorrechte ablegte – war er vollkommen abhängig vom Heiligen Geist. Er konnte nur mit der Kraft des Heiligen Geistes in dieser Autorität predigen und Wunder vollbringen, „denn ihr wisst, das Gott Jesus von Nazareth mit dem Heiligen Geist und mit Kraft gesalbt hatte und wie er umherging und Gutes tat und all die Menschen heilte, die vom Teufel besessen waren, denn Gott war mit ihm."41 Die gleiche Salbung, die Jesus während seiner Zeit auf der Erde auf seinem Leben hatte, steht der Kirche heute ebenfalls zur Verfügung. Jesus sagte, „Wie mich mein Vater gesandt hat, so sende ich euch." Das bedeutet, dass uns Jesus mit der gleichen Salbung und dem gleichen Auftrag aussendet. Die Salbung gewährt uns Zugang zu dem Geist, der „euch all das lehren wird, was ihr wissen sollt."42 Der Auftrag lautet, „jeder Mensch soll gerettet werden und die Wahrheit verstehen."43

Salbung kommt nie ohne Auftra

Die Salbung kommt nie ohne Auftrag. Wenn wir das eine vom anderen trennen, enden wir bei religiösen Aktivitäten, die durch menschliche Bemühung in Gang gehalten werden. Es stimmt, wir können jahrelang auch so leben und arbeiten, aber dann sollten wir nicht überrascht sein, wenn keine Frucht geschieht. Wenn wir beginnen mit dem Heiligen Geist zusammen zu arbeiten, der in uns lebt, wird unser Werk auch Frucht bringen. Wir werden Im folgenden Kapitel über die Zusammenarbeit mit dem Heiligen Geist sprechen.

23. Luk. 4:18,19
24. 1. Kor. 12;27
25. 1. Petr. 2;5
26. 1. Petr.r 2;6
27. Apg. 2;4
28. Apg. 1;8
29. Apg. 2,5
30. Joh. 20;22
31. Apg. 1;4b
32. Apg 2;2b
33. Apg. 2;5
34. Apg. 2;36
35. Joh. 20;21
36. Joh. 14;9
37. Luk. 8;15
38. Jak. 1;22
39. Luk. 4;18
40. Phil. 2;7
41. Apg. 10;38
42. 1. Joh. 2;27
43. 1. Tim. 2;4

4

Mit dem Heiligen Geist zusammenarbeiten

Dem Heiligen Geist die Führungsrolle überlassen

Ich schreibe in diesem Buch sehr viel über den Heiligen Geist. Das lässt sich nicht vermeiden: Er ist der große Evangelist. Der Heilige Geist spielt die Hauptrolle im Einbringen der Ernte aber lädt uns ein, ihn in seinem Werk zu unterstützen.

Es ist wirklich wichtig uns Zeit zu nehmen, um den Heiligen Geist besser kennenzulernen. Wer ist er? Was möchte er? Wie macht er auf sich aufmerksam? Wie können wir die Stimme des Geistes hören?

Die Frage nach dem Hören der Stimme des Heiligen Geistes wurde schon sehr häufig diskutiert. Im Laufe der Geschichte haben viele Menschen viel gesagt und seltsame Dinge getan mit der Begründung, sie hätten die Stimme des Geistes gehört. Sollten wir deshalb auf Nummer Sicher gehen und alles, was der Heilige Geist sagt, nicht so ganz für bare Münze nehmen?

Die Lösung besteht nicht darin, „den Heiligen Geist zu unterdrücken"44 sondern „die Menschen zu prüfen, ob ihr Geist von Gott kommt."45 Der wichtigste Bezugspunkt für die Entscheidung, ob etwas vom Geist kommt, ist die Bibel, das Wort Gottes. Haben wir dein Eindruck, was der Heilige Geist sagt, steht nicht in Übereinstimmung mit dem Wort Gottes, können wir ganz sicher daraus schließen, dass es nicht der Heilige Geist war und einfach weitergehen.

Die Bibel eröffnet uns keine andere Möglichkeit unser Leben zu leben, als „dem Heiligen Geist zu erlauben unser Leben zu gestalten."46 Wir sehen in der Apostelgeschichte immer wieder, wie der Heilige Geist zu den Jüngern sprach und ihnen zeigte, was sie sagen und tun sollten.

Der Heilige Geist ist ein kommunizierender Geist. Jesus nannte ihn „den Ratgeber", was bedeuten muss, dass er durch persönliches Reden berät. Jesus sprach über den Heiligen Geist als von dem, der „euch alles lehren und euch an alles erinnern wird, dass ich euch gesagt habe."47 An anderer Stelle in der Bibel sagte er, „Meine Schafe hören meine Stimme; ich kenne sie und sie folgen mir." Deshalb ist dieses Kapitel auch kein Bonus-Material für die Übergeistlichen unter uns. Es ist geschrieben für normale Jünger wie dich und mich.

Enge Kommunikation

Der Heilige Geist kam während seiner Taufe im Jordan auf Jesus herab und er hörte in diesem Moment die Stimme seines

Vaters, die sagte, „"Du bist mein geliebter Sohn und du bringst mir große Freude."

Jesus hörte diese Worte noch bevor er mit seinem eigentlichen Dienst begonnen hatte. Der Vater empfahl ihn nicht für etwas, dass er schon getan hatte oder lobte ihn für irgendwelche großartigen Dinge in den Himmel, die er erreicht hatte, „Gut gemacht mein Junge!" Stattdessen bestätigte er seine bedingungslose Liebe für seinen Sohn.

Unser Himmlischer Vater sagt durch seinen Heiligen Geist genau das Gleiche auch zu uns:

Mein geliebter Sohn. Meine geliebte Tochter. Du machst mir große Freude.

Diese Liebe des Vaters sichert deine Kommunikation mit dem Heiligen Geist. Du musst dir als Sohn und Tochter nicht den Hals verrenken, um seiner Stimme aufmerksam zuzuhören. Du kannst dich entspannen und die vertraute, geliebte Stimme deines Vaters hören, der mit dir redet.

Evangelisation ist wichtig, sollte aber niemals zu unserer wichtigsten Priorität werden. Das Wichtigste ist Nachfolger Jesu zu sein. Diese Nachfolge wird viele unterschiedliche Früchte hervorbringen. Eine besteht darin, dass wenn wir mit Jesus unterwegs sind und er uns zu Menschenfischern macht.50

Verbringe Zeit in der Gegenwart Gottes

Bevor Schiffe damals einen Hafen verliessen, mussten sie den Kompass an Bord genau einstellen. Das Schiff wurde dazu anhand bekannter Koordinaten in eine bestimmte Position manövriert. So wusste dann die Crew mit Sicherheit wo Norden, Süden, Osten und Westen waren. Mit dem Schiff in der richtigen Position konnten sie dann auch den Kompass genau einstellen, ihm vertrauen und damit dann auch geraden Kurs halten.

Genauso müssen wir uns auf den Willen Gottes einstellen. Dies geschieht wenn wir Zeit in der Gegenwart Gottes verbringen – die Bibel lesen, Gott anbeten, zu ihm beten und dem Heiligen Geist zuhören.[51] In unserem Alltag mit so viel Lärm um uns herum, geschieht das nicht von alleine. Ich muss mir ganz bewusst Zeit nehmen, um mit Gott alleine zu sein. Manchmal ziehe ich meine Laufschuhe an und gehe zu einer Wanderung in den Wald oder hoch in die Berge. Dann kann ich mit Gott reden, ihm Fragen stellen über das, was ich nicht verstehe und habe Zeit zum Nachdenken und Zuhören. Wenn ich zu Hause bin, setze ich mich in meinen Lieblingssessel, mache mir ruhige Musik an und tue genau das Gleiche.

Ich empfehle hier keine bestimmte Methode. Jesus suchte sich häufig einsame Orte, um dort mit dem Vater alleine zu sein.[52] Du musst deine eigenen Orte finden und es dann auf deine Weise tun. Das ist gut so. Das Wichtige dabei ist, dass du herausfindest, was dir hilft, nah am Vater zu leben.

Mach dir aber eins bewusst: Unser Vater ist *immer* nah. Wir sind diejenigen, die sich ihm nähern müssen.

Eine sanfte Aufforderung

Erinnerst du dich noch an den Besuch im Cafe, von dem ich dir im ersten Kapitel erzählt habe? Eine Frau war mit ihren beiden Kindern in das Cafe gekommen, wo ich gemeinsam mit einem befreundeter Gemeindeleiter gerade Kaffee trank. Ich sah dort im Cafe keine Schriftzeichen an der Wand und hörte auch keine Stimme aus der Höhe. Ich empfand einfach diese sanfte innere Aufforderung der Liebe Gottes für diese drei Menschen, die dort an unserem Nachbartisch saßen.

Die Stimme des Heilige Geist wird selten laut. Wir werden sie meistens tief in uns als sanfte Aufforderung wahrnehmen. Dieses innere Drängen kann stark und beinah überwältigend sein, geschieht jedoch meistens leise und diskret. So erlebte es Elia, als Gott ihm auf dem Berg Horeb begegnete. Gott hatte sich ihm nicht in dem Sturm, dem Erdbeben oder Feuer vorgestellt, sondern in dem „Klang eines sanften Flüsterns."[53]

Deshalb müssen wir uns üben, die Stimme des Heiligen Geistes wahrzunehmen. Wir trainieren, aber es sollte in einer inneren Haltung des Gehorsam dem Heiligen Geist gegenüber geschehen. Wir sollten immer so wie Samuel antworten: „Rede, Herr, dein Knecht hört zu!"

Dies kann am Anfang schwierig sein. Du wirst aber nach einer gewissen Zeit feststellen, wenn du die inneren Impulsen des Heiligen Geistes bejahst, wird es das nächste Mal immer leichter werden. Dein erstes Ja wird das nächste Ja bewirken und so entsteht eine Kettenreaktion des gehorsamen Handelns.

Samuel's Antwort

Wir hören häufig die Stimme Gottes, ohne sie als solche zu erkennen. Dies ist kein neues Problem; schon Samuel im Alten Testament hatte mit der gleichen Erfahrung zu kämpfen. Seine Methode zu erkennen ob es Gott war, der zu ihm gesprochen hatte, war einfach aber wirkungsvoll; ich wende sie selbst häufig an. Als junger Mann hatte Samuel unter Aufsicht des Priesters Eli im Tempel in Jerusalem gedient. Eines Nachts rief Gott nach Samuel. Samuel dachte Eli habe ihn gerufen und antwortete, „Hier bin ich; du hast nach mir gerufen?" Dies geschah dreimal. Samuel hörte, wie Gott ihn rief, erkannte ihn aber nicht. Jedes Mal dachte er, Eli habe ihn gerufen. Schliesslich erkannte Eli, dass hier Gott mit Samuel reden wollte. Er wies den Jungen an: „Geh wieder ins Bett! Wenn er dich das nächste Mal ruft, antworte ihm: 'Rede Herr, dein Knecht hört!"

Gott rief Samuel ein weiteres Mal, das vierte Mal in dieser Nacht. Dies sagt uns sehr viel über Gottes Geduld. Er gibt nicht auf, wenn wir ihn das erste, zweite oder dritte Mal nicht verstehen. Er spricht immer und immer wieder mit uns und versucht unsere Aufmerksamkeit zu bekommen.

Achte darauf, was beim vierten Mal geschah. Der Schlüssel, der das Gespräch eröffnete, war die Antwort Samuels zu Gott, als dieser ihn rief. Samuel antwortete: „Rede Herr, dein Knecht hört!"

Was tat Samuel hier? Statt einer horizontalen Antwort (zu Eli) antwortete er vertikal (zu Gott). Er hörte die gleiche Stimme wie vorher, richtete aber nun seine Augen nach oben und so wurde auch seine Antwort in eine andere Richtung gelenkt: zu Gott. Sofort begann Gott mit ihm zu reden und teilt ihm seine Pläne mit.

Ich habe durch Samuel eine wichtige Lektion gelernt, wenn es darum geht die Stimme Gottes zu hören. Er hat mir beigebracht meinen Blick nach oben zu richten und Gott zu antworten. Wenn ich einen Gedanken bekomme, habe ich die Wahl: Ich kann mich entscheiden, diesen als bedeutungslos abzutun oder Gott zu antworten: „Gott, bist du das? Bist Du es, der hier jetzt gerade mit mir spricht?"

Ich versuche, einen Gedanken den ich bekomme, nicht über zu analysieren. Ich antworte Gott. Wenn der Gedanke mich nicht verlässt sondern sich immer wieder meldet in mir, entscheide ich mich zu glauben, dass er von Gott kommt. Manchmal verschwindet der Gedanke einfach nach einer Weile. Dann ist die Sache klar und ich verschwende keinen weiteren Gedanken mehr daran.

Tu es einfach!

Ich nahm einmal an einer christlichen Konferenz in Finnland teil. Während einer Pause ging ich nach draußen, um etwas frische Luft zu schnappen. Dort auf dem Parkplatz traf ich eine Frau die gerade sehr eifrig Nachrichten auf ihrem Handy schrieb. Sobald ich sie sah, schoss mir ein Bild in meine Gedanken: Ich sah ein Paar alter Laufschuhe mit dem Nike Logo. Was machst du mit einem solchen Bild? Du bist zu allererst versucht, es sofort wieder abzutun. „Ein paar alte Nike Laufschuhe? Du musst verrückt sein!"

Was war die Alternative? Meinen ganzen Mut zusammennehmen und zu dieser Frau mit ihrem Handy hinüber zu gehen und etwa folgendes zu sagen, „Entschuldigen Sie, aber als ich Sie hier stehen sah, hatte ich eine Vision von alten ausgetragenen Laufschuhen." Sie würde das wohl kaum als Kompliment auffassen.

Ich beschloss wie Samuel auf dieses Bild zu antworten und sagte zu Gott. „Das scheint jetzt verrückt. Aber wenn dieses alte Paar Laufschuhe eine Bedeutung hat, könntest du mir bitte noch etwas mehr dazu sagen?" Nach einer Weile kam mir der Nike Slogan in den Sinn, „Tu es einfach!" Ich hatte nun also ein Bild und dazu drei Worte. Sollte ich einfach hinübergehen *und* mit dieser Frau sprechen?

Ich begann zögerlich in ihre Richtung zu gehen, fühlte mich aber in diesem Augenblick nicht besonders mutig. In mir lebte nicht dieses Gefühl, das Jesaja beschreibt, „wie wunderschön auf den Bergen sind die Füsse der Boten, die gute Nachricht überbringen."[54]

Ich räusperte mich. Die Frau schaute von ihrem Handy auf

und ich sagte, „Wissen Sie, manchmal habe ich den Eindruck, dass Gott zu mir redet. Vor ein paar Minuten empfand ich, dass er mir folgendes sagte und ich glaube, dies könnte für Sie sein."

(Ich gebrauche häufig in solchen Situationen das Wort „empfand". Dies gibt mir Raum, dass es einfach nur Arne Skagen ist der spricht und nicht Gott).

Ich erzählte ihr von dem Bild der alten Laufschuhe. Ich sagte ihr: „Ich musste einfach über das Nike Logo nachdenken. Und ich empfand, dass Ihnen der Herr sagt: 'Tu es einfach!' Das nächste woran ich mich erinnere war, dass die Frau mit einem breiten Lächeln auf dem Gesicht auf und ab sprang und einige Worte auf finnisch sagte. Nach kurzer Zeit erklärte sie mir in englisch: Sie ging schon seit längerem mit einem christlichen Mann aus. Er hatte ihr gerade heute morgen einen Antrag gemacht. Sie war glücklich darüber, fühlte sich aber immer noch ein wenig unsicher, ob dies nun wirklich der Wille Gottes für sie war. Aus diesem Grund hatte sie einigen Freunden, die in einem anderen Teil Finnlands lebten, gerade eine Textnachricht geschrieben. Sie hatte darin um Gebet gebeten, um eindeutig Gottes Willen erkennen zu können. Jetzt gerade in der Pause war eine SMS von ihren Freunden gekommen, in der stand: „Wir haben zu Gott gebetet und glauben, dass er sagt: 'Tu es einfach!'" Genau im Anschluss daran war ich dann zu ihr gekommen und hatte ihr gesagt: „Tu es einfach!" Deshalb war sie außer sich vor lauter ilo (finnisch, Freude) auf und ab gesprungen.

Nutze den Vorteil der „Fehlerquote"

Dann gibt es solche Momente, in denen du Gott antwortest, aber immer noch unsicher bist, was als nächstes zu tun ist. Was machst du dann? In solchen Fällen gibt es nur eine Möglichkeit, es herauszufinden: Du musst handeln. *Tu es einfach*! Was aber wenn ich handle und es stellt sich im nach hinein als falsch heraus? Was wenn es überhaupt nicht von Gott war? Nun, *was soll's?* Wir sind schliesslich alle Menschen und Menschen machen Fehler. Deshalb räumte Jesus seinen Jüngern eine hohe „Fehlerquote" ein. Ich habe diese selbst schon des öfteren voll aufgebraucht.

Ich saß in einer christlichen Versammlung. Gegen Ende gab es eine Zeit der Fürbitte und ich begann für eine Frau zu beten. Ich betete mutig für Heilung, Vollmacht und Kraft. Zum Schluss betete ich dafür, dass Gott das Kind segnete, mit dem sie gerade schwanger war. „Ich bete, dass die Geburt zum richtigen Zeitpunkt gut laufen wird." Die Frau öffnete ihre Augen: „Ich bin aber nicht schwanger."

Voller Verzweiflung suchte ich nach dem nächsten Loch, in das ich mich hätte verkriechen können. Mir blieb keine Wahl, ich musste mich einfach von ganzem Herzen bei ihr entschuldigen und um Vergebung bitten.

„Schon in Ordnung", antwortete sie, wandte sich um und ging. Ich bin so dankbar, dass mir eine solche „allgemeine Fehlerquote" zugestanden wird. Das gute daran ist, du wirst sie immer weniger in Anspruch nehmen müssen, wenn du erkennst wie unterschiedlich der Heilige Geist zu uns redet. Verpassen wir es manchmal bedeutet das nicht, dass Menschen deshalb von der Erfahrung der Liebe Gottes abgehalten werden. „Liebe deckt viele Sünden zu."[55] Sie deckt auch viele Fehler zu.

Üben, Üben, Üben!

Der Heilige Geist spricht zu jedem von uns anders. Um es in der Sprache des Radios auszudrücken: Der Heilige Geist überträgt auf unterschiedlichen Frequenzen, die genau auf den individuellen Empfänger eingestellt sind.

Ein gutes Gebet zu Tagesbeginn könnte sein: „Heiliger Geist, hier bin ich. Ich möchte heute mit dir zusammenarbeiten. Sprich zu mir und gebrauche mich."

Mit diesen einfachen Worten öffnest du dich und stellst dich dem Heiligen Geist zur Verfügung. Erwarte dass er zu dir reden wird, setzt dich aber damit nicht unter Druck. Gott hört dein Gebet und wird antworten. Die Zusammenarbeit mit dem Heiligen Geist beginnt häufig mit kleinen Dingen. Er gibt dir Stück für Stück die Gelegenheit, ihn tiefer wahrzunehmen und gehorsam zu sein. Die besten Orte, das Hören auf die Stimme des Heiligen Geistes zu üben sind kleine überschaubare Versammlungen, in denen wir uns sicher fühlen, wie etwa in der Familie, unter Freunden oder in Hauskreisen. In solcher Umgebung können wir dem Heiligen Geist in entspannter Atmosphäre zuhören, unsere Gedanken gemeinsam anhand der Bibel prüfen und das praktisch umsetzen, was wir glauben, dass uns der Geist zeigt.

Einmal besuchte ich eine solche Life-Group. Sie übten gemeinsam Gottes Stimme zu hören und das umzusetzen, was sie gehört hatten. Wir saßen um den Wohnzimmertisch und sprachen über Menschen, die wir kannten und von denen wir den Eindruck hatten, dass sie für das Evangelium offen waren. Im Laufe unserer Gespräche wurden einige Namen erwähnt. Einer davon war Caroline, eine ältere Dame, die ein Mitglied der Life-Group persönlich kannte. Wir beteten für Caroline und trafen gemeinsam die Entscheidung, sie zu unserem nächsten Gruppentreffen einzuladen.

Einige Tage später lehrte ich in einer anderen Versammlung. Das Thema war das Gleiche – die Stimme des Geistes hören. Während ich lehrte lief ich im Raum herum und als ich an einem Mädchen vorbeiging, kam mir plötzlich der Refrain eines berühmten Liedes in den Kopf. Es war keines meiner Lieblingslieder (eigentlich das Gegenteil sogar). Der Refrain aber war derart nervtötend eingängig, dass ich ihn nicht mehr aus dem Kopf bekam.

Ich war verwirrt. Hier war ich, lehrte und bekam plötzlich dieses dumme Lied nicht mehr aus dem Kopf! Der Text beschrieb teilweise einen bestimmten Ort in England. Ich fragte das Mädchen, an dem ich dort gerade vorbeiging, „Sag mal, bedeutet dir dieses Lied irgendetwas?" Sie antwortete, „Mein Vater kommt von dort. Bevor ich weiter lehrte waren wir uns einig, dass wir gemeinsam für die Eltern des Mädchens beten wollten. Wir beteten, dass beide Jesus annehmen.

Donnerstagabend traf sich die LifeGroup wieder. Caroline hatte die Einladung angenommen und sass mit uns am Wohnzimmertisch. Wir hatten einen großartigen Abend und konnten ihr ganz entspannt die Liebe Gottes näher bringen. Gegen Ende des Abends entschied sie sich Jesus anzunehmen. Im Anschluss daran erzählte Caroline uns etwas mehr von sich So erfuhren wir, dass sie die Mutter des Mädchens war, welches mich zum Nachdenken über dieses berühmte Lied gebracht hatte. Ohne es zu wissen hatten wir am Tag zuvor für Caroline gebetet! Gerade einmal 24 Stunden später wurde unser Gebet beantwortet.

Wir können an diesem Beispiel drei Dinge lernen. Erstens, wir sollten niemals die kleinen Anfänge verachten (alles hatte in einer LifeGroup begonnen, als wir das Hören der Stimme des Geistes übten). Zweitens, wir sollten den Heiligen Geist in seiner Art zu reden niemals eingrenzen (er gebrauchte diesen nervtötenden berühmten Song). Drittens haben wir auch erlebt, wie viel einem Menschen die warmherzige und einladende Gemeinschaft mit anderen bedeuten kann. Caroline traf in einem der Treffen dieser Gemeinschaft die Entscheidung, Jesus nachzufolgen.

Ein Gedanke wird zum Wunder

Jesus wurde verfolgt, weil er einen Kranken am Sabbath geheilt hatte. Seinen Verfolgern sagte er, „Mein Vater arbeitet immer und ich tue das auch."56 Jesus fuhr fort und sagte, „Ich sage euch die Wahrheit; der Sohn kann nichts aus sich selbst heraus tun. Er tut nur das, was er den Vater tun sieht. Was immer auch der Vater tut, das tut genauso auch der Sohn."

Alle Werke von Jesus hatten ihren Ausgangspunkt beim Vater. Jesus beobachtete, was der Vater tat und machte es auf der Erde sichtbar. Damit erfüllte er selbst das Gebet, dass er seinen Jüngern zu beten gelehrt hatte: „Dein Wille geschehe auf Erden, wie es auch im Himmel geschieht."57 Die Worte Jesu über das Sehen, was der Vater tut, gibt meinem alltäglichen Leben als Jünger eine vollkommen neue Dimension. Ich erkenne nun die Wahrheit in den Worten „mein Vater wirkt immer". Ich kann immer und überall beten, dass er mir zeigt, was er gerade tut. Damit wird das Leben als Jünger Jesu äußerst aufregend. Was tut der Vater *grade jetzt*? Und habe ich den Mut *in genau diesem Augenblick* das zu tun, was er mir zeigt?

Ich sass auf der Couch und hatte meine Beine auf den Tisch gelegt (mit anderen Worten: meine Frau war nicht da). In dieser entspannten Haltung sagte ich zu Gott: „Wenn dir etwas auf dem Herzen liegt, lass es mich einfach wissen. Wie du siehst, ich sitze jetzt hier gerade auf der Couch." Ich begann über einen jungen Mann nachzudenken, den ich vor sechs Monaten kennengelernt hatte und mir kamen einige Gedanken. Waren dies nun meine eigenen Gedanken oder waren es Gottes Gedanken? Wieder einmal hatte ich die Wahl: Ich konnte diese Gedanken ignorieren oder konkret umsetzen. Ich entschloss mich letzteres zu tun. Schnell fand ich heraus, dass dieser Mann im Ausland lebte; es dauerte seine

Zeit seine Kontaktdaten zu bekommen, aber schliesslich hatte ich seine Telefonnummer. Ich rief ihn an, stellte mich vor und erzählte ihm, warum ich ihn angerufen hatte. Ich sagte ihm, „Ich empfinde, dass Gott dich ruft und dich in ganz besonderer Weise gebrauchen möchte."

Der Mann war kein Christ aber meine Worte bewirkten in ihm eine solche Resonanz (erzählte er mir später), dass er sich kurz danach mit seinem bisherigen Leben auseinandersetzte und es Jesus übergab. Seitdem gebraucht Gott diesen Mann, um viele Menschen zum Glauben zu führen.

Ein einfacher Gedanke kann zum Wunder werden, wenn wir der Liebe Gottes die Möglichkeit geben, sich durch uns praktisch auszudrücken und wir das tun, worum er uns bittet.

Gott spricht durch Träume

Wenn du zu lange auf der Couch die Füsse hochlegst, könnte dich das im nächsten Schritt sehr schnell ins Land der Träume befördern. Aber auch das wird den Heiligen Geist nicht davon abhalten zu dir zu reden. Wir lesen In der Bibel mehrere Beispiele, wie Gott durch Träume zu Menschen redet. Er tut das heute auch noch. Ich besuchte einmal eine Gemeinde in den Vereinigten Staaten und während meines Aufenthalts dort hatte ich nachts einen Traum von einem Mann, der in mehrere Dörfer ging, um dort nach Wasser zu graben. Am nächsten Morgen konnte ich mich noch an meinen Traum erinnern und stellte mir vor, so etwas könnte in einem Land wie Indien geschehen. Während ich noch über den Mann in meinem Traum nachdachte, kam mir der Name Henry in den Sinn.

Ich kannte niemanden in dieser Gemeinde mit dem Namen Henry und hatte bisher auch noch von keinem Brunnenbohr-Projekt in Indien gehört. Also blieb mir in dieser Situation nur meine „Samuel-Antwort" und ich sagte zu Gott, „Wenn du hier mehr möchtest als nur mein Gebet, ich stehe zur Verfügung. Gebrauche mich."

Am nächsten Sonntag fiel meine Aufmerksamkeit während meiner Predigt auf einen Mann in der Versammlung. Er war der Mann in meinem Traum! Ich unterbrach meine Predigt und fragte den Mann „Heißen Sie Henry?" Er nickte. Ich erzählte ihm von meinem Traum und Henry erzählte mir, dass er von Beruf Brunnenbohrer sei. Er habe in letzter Zeit immer wieder darüber nachgedacht nach Indien zu gehen und dort in den Dörfern zu helfen Brunnen zu bohren.

Während mir Henry diese Gedanken erzählte hatte ich eine Vision. Ich sah eine große Gruppe von Menschen um den Brunnen stehen, die jemandem zuhörten, der ihnen das Evangelium predigte. Viele von ihnen nahmen Jesus in ihr Leben auf.

Ich erzählte Henry und der ganzen Gemeinde von dieser Vision. Mit Hilfe eines Freundes konnte Henry das Geld sammeln um die Brunnen zu finanzieren. Beide reisten dann gemeinsam nach Indien und begannen ihre ersten Brunnenbohr-Projekte. Am Tag der Nutzungsfreigabe des ersten Brunnens kamen die Menschen von überall her aus den umliegenden Dörfern. Henry's indischer Kollege, Nick, erzählte den Menschen, die gekommen waren, dass dieser Brunnen ein Geschenk Gottes an sie wäre. An diesem Tag verkündete Nick all denen das Evangelium, die sich um den Brunnen versammelt hatten und einige von ihnen gaben Jesus ihr Leben.

Henry erzählte mir all das erst vor kurzem in einer Email. Es begann im Unsichtbaren, in einem Traum. Ich tat meinen Teil. Henry seinen und Nick tat das seine dazu. Das Ergebnis: das Evangelium wurde in einem Dorf in Indien gepredigt und viele Menschen kamen zum Glauben. Heute sind seitdem in dieser Gegend mehrere Gemeinden entstanden.

Ein Kampf, der gekämpft werden muss

Paulus ermutigte die Galater, „dass der Heilige Geist euer Leben führen soll!"[58] Er versprach aber nicht, dass dieses Leben ohne Widerstand oder Kämpfe verlaufen würde. Im Epheserbrief schrieb er, „Denn wir kämpfen nicht gegen Fleisch und Blut, sondern gegen die bösen Herrscher und Gewalten in der unsichtbaren Welt, gegen starke Mächte in dieser finsteren Welt und gegen böse Geister an himmlischen Orten."[59]

Wir haben, wenn es um die Ernte geht, einen Kampf zu kämpfen. An dieser Stelle ist es wichtig zu betonen, dass dieser Kampf niemals gegen Menschen geht, auch wenn wir das manchmal fälschlicherweise meinen. Jesus gab seinen Jüngern in Matthäus Kapitel 10 und Lukas Kapitel 10

Anweisungen, wie sie mit den Menschen umgehen sollten, die sie oder ihre Botschaft nicht annehmen wollten. Er forderte die Jünger nicht auf gegen diese Menschen in den Krieg zu ziehen. Stattdessen sagte er, „schüttelt euch den Staub (des Hauses oder der Stadt) von euren Füssen wenn ihr dort weg geht."60 Wir kämpfen gegen geistliche Mächte, nicht gegen Menschen. Diese geistlichen Mächte „sind einfach das genaue Gegenteil von dem, was der Geist möchte. Der Geist gibt uns die Wünsche, die das Gegenteil von dem sind, was sich die sündhafte Natur wünscht. Diese beiden Mächte stehen in dauerndem Kampf gegeneinander, du kannst also nicht einfach nur deine persönlichen guten Vorsätze und Absichten in die Tat umsetzen."61

Da es keine menschlichen Hindernisse sind, kämpfen wir auch nicht mit menschlichen Mitteln dagegen. „Wir nutzen die mächtigen Waffen Gottes, keine weltlichen Waffen, um damit die Festungen des menschlichen Verstandes niederzureissen und falsche Argumente zu zerstören. Wir zerstören jedes Hindernis des Stolzes, dass die Menschen davon abhält, Gott kennenzulernen."62

Es ist interessant, was David im Psalm 23 über Gott schrieb: „Du bereitest vor mir ein Fest in der Gegenwart meiner Feinde. Du ehrst mich, indem du mein Haupt mit Öl salbst."63 Das Erste, was Gott im Angesicht unserer Feinde salbt, ist unser Haupt. Wenn er unser Haupt salbt, bedeutet das, er möchte, dass wir in jeder Situation, in der wir uns befinden, seine Gedanken denken und uns nicht von unserem natürlichen Verstand und Art zu denken begrenzen zu lassen. Gott salbt unser Haupt, damit wir wissen, wer wir sind und was uns gehört. Wir sind eine neue Schöpfung,64 und wir haben den Heiligen Geist empfangen, der uns alles lehrt.65

Die Kraft des Heiligen Geistes

"Ich sage euch die Wahrheit, jeder der an mich glaubt wird die gleichen Werke tun, die ich getan habe und sogar noch größere, denn ich gehe zum Vater."66 Das sage nicht ich. Jesus selbst sagt das. Er wird alles, was er während seiner Zeit auf der Erde getan hat, auch heute tun. Er wird es durch uns tun.

> *Wir sind berufen, die himmlische Wirklichkeit in unserer Nachbarschaft, am Arbeitsplatz und in unserem Freundeskreis auszuleben. Unsere Füße stehen auf der Erde aber unser Kopf ist im Himmel.*

Wir sind berufen, die himmlische Wirklichkeit in unserer Nachbarschaft, am Arbeitsplatz und in unserem Freundeskreis auszuleben. Unsere Füße stehen auf der Erde aber unser Kopf ist im Himmel. Wir haben schon Petrus gehört, der erklärte, warum Jesus tun konnte, was er tat: „Ihr wisst, dass Gott Jesus von Nazareth mit dem Heiligen Geist und Kraft gesalbt hatte. Dann ging Jesus umher, vollbrachte gute Werke und heilte alle, die vom Teufel überwältigt waren, denn Gott war mit ihm"67

Wenn uns Jesus heute bittet, die gleichen Werke zu tun, wie er sie getan hatte, bedeutet das, wir können all das nur in der

Kraft des Heiligen Geistes tun. Aus unserer eigenen Kraft heraus wird es nicht gelingen. Reines Nachdenken darüber kann sehr entmutigen. All das ist nur möglich, wenn wir der Kraft des Geistes, der in Jesus lebte, erlauben uns zu erfüllen, zu uns zu sprechen, uns zu leiten und durch uns zu wirken.

Ich arbeitete eine Zeit lang als Taxifahrer in Norwegen. Einmal setzte sich ein neuer Kunde zu mir hinten in meinen Wagen. Wir waren noch nicht lange unterwegs, als auf einmal mein ganzer Körper schmerzte. Ich spürte Schmerz an Körperstellen, die bisher noch nie schmerzhaft waren. Es gab keinerlei natürliche Erklärung dafür, warum ich an all diesen Stellen plötzlich Schmerz empfand. Und der Schmerz wurde auch nicht weniger, im Gegenteil, er wurde immer intensiver. Mit wachsender Unruhe bat ich Gott um sein Eingreifen, als ich plötzlich eine stille Stimme hörte, die sagte, „Arne, was du fühlst ist nicht dein Schmerz." „Nicht *mein* Schmerz?", antwortete ich in Gedanken fast schon böse. „Mit Sicherheit ist das gerade *mein* Körper, der hier schmerzt!" „Es ist nicht dein Schmerz sondern der Schmerz der Frau die gerade in deinem Wagen auf der Rückbank sitzt." Plötzlich erkannte ich, dass mir der Heilige Geist etwas mitteilen wollte. Ich hatte ihn vor kurzem darum gebeten mich in Situationen zu führen, in denen ich lernen konnte mit ihm zusammenzuarbeiten. Nun befand ich mich in genau einer solchen Situation. Während ich dort saß und den Schmerz in meinem Körper spürte, begann ich über die Zahl 22 nachzudenken, die für mich überhaupt keine Bedeutung hatte. Wir kamen bei ihrer Adresse an, ich las das Taximeter ab und sie bezahlte. Dann ergriff ich die Gelegenheit und sagte: „Die mag jetzt für sie vielleicht verrückt klingen, aber manchmal erlebe ich, dass Gott zu mir spricht. Ich bin Christ, wissen Sie. Hätten Sie etwas dagegen, wenn ich Ihnen eine persönliche Frage stelle?" Die Frau nickte. „Haben Sie häufig körperliche Schmerzen?" Wieder nickte die Frau zustimmend. „Spüren Sie den Schmerz hier, hier und hier?", fragte ich und zeigte auf die Körperstellen, an denen ich den Schmerz spürte. „Das stimmt!", sagte sie. „Aber woher wissen Sie das? Sie kennen mich doch überhaupt nicht!" „Stimmt es, dass sie diesen Schmerz schon seit 22 Jahren haben?" Sie dachte eine Weile nach und nickte ein weiteres Mal. „Hätten Sie etwas dagegen, wenn ich für Sie bete?", fragte ich sie. „Nein, überhaupt nicht," antwortete die Frau. Dort in meinem Taxi betete ich für die Frau auf der Rückbank ein Gebet für Heilung. Sehr bald verschwand der Schmerz. Das größte Wunder aber war, dass sie positiv auf das Evangelium reagierte. Bevor sie das Taxi verließ, hatte sie Jesus ihr Leben gegeben. Einige Zeit später wurde sie Mitglied in meiner Gemeinde.

Der weltbeste Kommunikator

Vielleicht erstarrst du innerlich bei der Geschichte mit dem Taxi und sagst: „Das ist jetzt aber ein ganz besonderer Einzelfall." Ich erzähle diese Geschichte aus dem einfachen Grund, um deutlich zu machen, wie kreativ der Heilige Geist in seiner Kommunikation mit uns sein kann. Wir tun gut daran, ihn niemals zu begrenzen oder vorauszusetzen, dass er nur in einer ganz bestimmten Weise mit uns kommuniziert. Der Heilige Geist spricht so wie er das möchte, auf tausend verschiedene Weisen. Er ist der weltbeste Kommunikator.

Vertraue ihm, dass er so mit dir spricht, wie du es am besten verstehen kannst – mit allen deinen fünf Sinnen. Der Heilige Geist wird der Ratgeber genannt und er berät uns, indem er zu jedem von uns spricht. Gott hat uns alle unterschiedlich geschaffen und spricht deshalb auch zu uns auf entsprechend unterschiedliche Weise. Mache dir bewusst, dass Beziehungen nur so stark sind wie die Kommunikation. Ich möchte dich zu einer begeisternden Reise einladen, auf der du erlebst, wie der Heilige Geist in besonderer Weise zu dir spricht und du dich mit ihm ganz persönlich unterhalten kannst.

Höre auf den Heiligen Geist damit du sehen kannst, was der Vater tut. Erzähle von Jesus. All das beschreibt eine Art zu leben und wenn dies zu deinem persönlichen Lebensstil geworden ist, kann ich dir ein begeisterndes Leben versprechen.

Hier ein paar Tips für diejenigen, die in diesem Lebensstil an Erfahrung wachsen möchten:

Lass deine Zeit in der Bibel für dich zur Lebensquelle werden. Erfülle dich mit dem Wort Gottes und lass das Wort in dir leben. Bete nicht nur für deine eigenen Bedürfnisse zu Gott sondern bete genauso auch für andere Menschen.

Sprich mit dem Heiligen Geist. Höre ihm zu. Bitte ihn dich in Situationen zu führen, in denen du ihn besser kennenlernen kannst. Habe keine Angst davor, Fehler zu machen. Nimm dich selbst nicht allzu ernst.

Lies Bücher. Lass dich von den Geschichten anderer Menschen inspirieren, die ein vom Heiligen Geist erfülltes Leben leben.

Suche nach Gemeinschaft. Verbringe Zeit mit anderen Christen, die ein geisterfülltes Leben führen. Lass sie dir die Hände auflegen und für dich beten.

Sei voller Erwartung. Erwarte, dass Gott zu dir sprechen wird und dich als seinen ausgestreckten Arm gebraucht.

Sei gehorsam. Wenn du ungehorsam bist und nicht das tust, was dich der Heilige Geist bittet zu tun, wird auch nichts geschehen. Lass niemals Furcht dein Handeln bestimmen sondern höre auf den Heiligen Geist.

44. 1. Thess. 5;19
45. 1. Joh. 4;1
46. Gal. 5;16
47. Joh. 14;26
48. Joh. 10;27
49. Mark. 1;11
50. Matth. 4;19
51. Eph. 5;18-20
52. Mk. 6;32
53. 1. Kön. 19;12
54. Jes. 52;7
55. 1. Petr. 4;8

56. Joh. 5;17
57. Matth. 6;10
58. Gal. 5;16
59. Eph. 6;12
60. Matth. 10;14
61. Gal. 5;16,17
62. 2. Kor. 10;4
63. Ps. 23:5
64. 2. Kor.5;17
65. 1. Joh. 2;27
66. Joh. 14;12
67. Apg. 10;38

5

Die Sprache der Ernte verstehen

Ein „Gottes-Moment" in einem Cafe

Ich war wieder einmal in einem Cafe (ich bin dort nicht jeden Tag; auch wenn dieses Buch den Anschein erweckt als wäre das so). Während ich dort in der Reihe stand, um zu bezahlen, kam ein älterer Mann zu mir herüber. Er fragte, ob ich ihm helfen könne, sein Tablett mit einer Tasse Tee und Keksen zu seinem Tisch zu tagen. „Natürlich kann ich das," antwortete ich und verließ die Schlange an der Kasse.

„Vielen Dank für Ihre Hilfe," sagte der Mann als ich ihm sein Tablett dort auf den Tisch stellte. „Ich wünsche Ihnen einen schönen Tag." „Ihnen auch," antwortete ich und schaute mich um nach den Leuten, die ich eigentlich hier im Cafe treffen wollte – einige meiner christlichen Freunde. Ich entdeckte sie im Augenwinkel in einer Ecke sitzen. Sie winkten mich herüber. Von meinem Platz aus konnte ich den älteren Mann sehen.

„Warum hat er mich bei all den anderen dort angesprochen

und mich gebeten ihm zu helfen?" fragte ich mich. Dort standen doch noch so viele Andere, die er genauso einfach hätte ansprechen können."

Ich widersprach mir sofort innerlich: „Entspann dich. Nimm's locker. Mach da nichts Großes draus – das war einfach einer der vielen Zufälle im Leben." Mein bisheriger Weg mit dem Heiligen Geist hatte meinen Glauben an Zufälle jedoch entscheidend geschwächt. Ich glaubte mehr und mehr an „Gottes-Zufälle", das heißt, Begegnungen und Situationen, die Gott „schon vorbereitet hat, damit wir in ihnen wandeln."

„Entschuldigt mich für einen Moment," sagte ich meinen Freunden und stand auf und ging hinüber zu dem älteren Mann. Er saß immer noch alleine dort an seinem Tisch.

„Ist es ok, wenn ich mich zu Ihnen setze?", fragte ich.

Der Mann blickte auf, nickte und lächelte. Wir hatten eine angenehme Unterhaltung. Der Mann war schon beinah 90 Jahre alt und hatte viele Geschichten aus seiner langen Karriere im Militär zu erzählen. Während er in Erinnerungen schwelgte, kamen mir einige Gedanken über Einsamkeit und innere Leere.

Nachdem er mir seine gesamte militärische Karriere erzählte hatte, begann er ein wenig über seine Familie zu sprechen. Seine Frau war vor einigen Jahren verstorben und seine Kinder lebten alle im Ausland. Er war der Einzige, der von seinem einmal sehr großen Freundeskreis noch am Leben war.

„Wie geht es Ihnen damit?" fragte ich ihn. Der Mann senkte seinen Kopf und schaute den Tisch an. „Ein wenig leer. Manchmal fühle ich mich sehr einsam und verlassen." „Gott kennt Ihre Situation", erzählte ich ihm. „Er kann Ihnen helfen aus Ihrer Einsamkeit auszubrechen." Nun war Gott unser Gesprächsthema, aber es schien dem Mann nichts auszumachen. Er zeigte genauso Interesse wie auch schon an unserer bisherigen Unterhaltung. Als ich ihn fragte, ob er Jesus in sein Leben aufnehmen und seinen Frieden mit Gott machen wollte, antwortete er ganz einfach: „Ja, das würde ich gerne tun."

Im Anschluss tauschten wir Adressen und Telefonnummern aus. Einer meiner Freunde dort im Cafe war Pastor in der Gegend. Er versprach mir, diesen Mann weiter zu begleiten und ihm zu helfen, ein Jünger Jesu zu werden.

Die Ernte spricht mit uns

Die Ernte ist reif. Wir haben das in Kapitel Zwei schon festgestellt. Wir werden nun erkennen, dass die Ernte selbst auch eine Sprache hat. Die Ernte sendet Signale aus; sie spricht. Ich bin davon überzeugt, wenn wir lernen diese Ernte-Sprache zu entdecken, werden wir als Einzelne und als Gemeinden einen Durchbruch erleben und sehen, wie Menschen Jesus annehmen.

Die Bibel sagt, dass Gott die Ewigkeit in das menschliche

Herz hineingelegt hat.68 Jeder Mensch trägt eine Sehnsucht nach der Ewigkeit in seinem Herzen – nach Gott. Aber nicht jeder weiß, dass er sich im Grunde seines Herzens nach Gott sehnt. Viele versuchen dieses innere Loch zu füllen und wenden sich Ritualen, alternativen Ideologien, Heilung, Engelschulen und vielen anderen Erfahrungen zu. Viele meinen ihre persönliche Suche wirklich ernst; sie möchten wirklich den Sinn des Lebens für sich finden. Christen haben keinen Grund, mit Blick auf diese ernsthafte Suche die Stirn zu runzeln.

Diese Sehnsucht nach Ewigkeit, die Gott in jedes menschliche Herz gelegt hat, sucht ihren Ausdruck. Sie sucht nach einer Sprache. Sie spricht aber selten in Großbuchstaben. Sehr häufig bedient sie sich nicht einmal Worten. Die Ernte-Sprache kann nur von denen wirklich gehört werden, die wirklich zuhören können.

Erinnerst du dich an die Unterhaltung mit deinem Arbeitskollegen, als er dir einige persönliche Dinge erzählte? Oder die Nachbarin, die davon gesprochen hatte, wie krank sie gewesen war? Der Telefonanruf, an den du dachtest um damit ein entferntes Familienmitglied zu ermutigen, das in ein Pflegeheim verlegt worden war? Der Studienkollege, der dir nebenbei erzählte, wie häufig er sich in dieser Welt einsam und verlassen fühlt?

All das kann Ausdruck dieser Ernte-Sprache sein. Menschen senden diese Signale deshalb aus, wenn sie mit dir zusammen sind, weil du in dir die Antwort auf ihre Fragen hast: Jesus

Christus – der von sich sprach als „der Weg, die Wahrheit und das Leben."[69]

"Was aber, wenn ich diese Ernte-Sprache nicht hören kann?" wendest du dagegen ein. „Was wenn ich nur nach meinem Gefühl handle und es dann falsch war?"

Dann würde ich folgendermaßen antworten: „Was wenn du richtig gelegen hättest! Was wenn du hier wirklich diese Ernte-Sprache gehört und verstanden hättest?" Solange du authentisch du selbst bist und die Liebe und Fürsorge Jesu ernsthaft weitergibst, werden Menschen auf jeden Fall eine Erfahrung mit Jesus machen.

„Ich höre, du hast gerade eine wirklich schwierige Zeit. Kann ich irgendetwas für dich tun?" Ein einfacher Satz ist vielleicht der Beginn einer Unterhaltung, die zur Erlösung eines Menschen führen kann. „Ich habe vor kurzem für dich gebetet und möchte dass du weisst, das Gott dich sieht und sich um dich kümmert." Warme und ernstgemeinte Worte die eine Brücke zwischen dir und einem anderen Menschen bauen, eine Brücke, über die Gottes Liebe hinübergehen kann.

Jesus verstand die Ernte-Sprache

Jesus verstand die Ernte-Sprache wie kein anderer. Sein „Sprach-Ohr" war so gut eingestellt, dass er den Unterschied zwischen echter Ernte-Sprache und einer Ernte-Sprache, die nicht allzu ernst gemeint war, feststellen konnte.

Stell dir einen reichen jungen Mann vor, der kommt und dich fragt: Was muss ich an guten Werken tun, um das ewige Leben zu bekommen?" Wie würdest du reagieren? Ich hätte gedacht, „Ernte-Sprache"! Reife Ernte! Man reiche mir eine Sense!" Ein reicher junger Mann kam zu Jesus und stellte ihm genau diese Frage. Jesus antwortete ihm mit einer Gegenfrage: Warum fragst du mich was gut ist? Es gibt nur Einen, der gut ist. Aber wenn du das Leben gewinnen möchtest, dann halte meine Gebote!"70

Im Verlauf der Geschichte wird deutlich, dass der junge Mann nur bis zu einem Punkt zur Hingabe bereit war – bis zum Thema „Geld". Als Jesus seinen Finger in diese sensible Wunde legte, ging der Mann enttäuscht wieder fort. Er schien auf den ersten Blick ein „reifes Erntefeld" zu sein, was er jedoch in Wirklichkeit nicht war.

Zachäus war ebenfalls reich, sogar sehr reich.71 Er hatte sich als Steuereintreiber für die Besatzungsmächte auf Kosten seiner Landsleute bereichert. Im Gegensatz zu dem reichen jungen Mann gab es bei Zachäus keinerlei Anzeichen, dass er reif für die Ernte gewesen wäre. Er stellte sich abseits von all dem Trubel, den die Ankunft Jesu in Jericho verursachte. Aus sicherer Entfernung beobachtete er auf einem hohen Baum das Geschehen rund um den Sohn eines Zimmermanns aus Nazareth. Wer weiß, was hinter der Fassade all dieser Menschen wirklich vor sich geht? Hier irren wir häufig. Wir lassen uns von Äußerlichkeiten blenden und ziehen daraus voreilige Schlüsse. Jesus tat das nicht. Er blickte über die äußere Erscheinung hinaus und beobachtete was geschah – im Inneren. An diesem Tag in Jericho hob er seinen Blick, verschaffte sich einen Überblick über die Menschen und sah dann die reiche Ernte dort in einem Zypressenbaum sitzen. Was hat Zachäus seine Würde als reichen Mann so vergessen lassen, dass er wie ein Junge hoch in diesen Baum geklettert war?

Körpersprache kann ebenfalls Ernte-Sprache sein. Mit seinem kleinwüchsigen Körper dort oben im Baum sagt Zachäus ohne Worte: „Schau mich an. Sieh meine Einsamkeit, meine Armut inmitten von all meinem Reichtum."

In meinem Heimatland Norwegen sind wir von Reichtum umgeben und ich glaube, dass es unter uns viele Menschen gibt, die so sind wie Zachäus. Erkennen wir sie? Nehmen wir ihre subtilen Signale wahr, die sie aussenden? Hören wir diese kaum wahrnehmbare Ernte-Sprache?

Eine Person des Friedens

Als Jesus Zachäus bat, aus dem Baum herunterzusteigen, reagierte der Zolleinnehmer folgendermaßen: „Er eilte herunter und nahm ihn mit Freude auf." So reagiert eine Person des Friedens. Solche Menschen nehmen Jesus voller Freude auf. Sie hören was Jesus ihnen zu sagen hat. Sie empfangen das neue Leben, das Jesus ihnen anbietet. Unsere Aufgabe besteht nicht darin, Menschen gegen ihren Willen von den Bäumen zu schütteln. Wir sind zu denen gerufen, die sich schon nach Jesus sehnen, auch wenn sie sich selbst dieser Sehnsucht noch nicht bewusst sind.

Jesus sandte im Lukas-Evangelium Kapitel 10 seine Jünger aus „an jeden Ort und in jede Stadt zu gehen, die er selbst besuchen würde". Bevor er die Jünger jeweils zu zweit los schickte, gab er ihnen klare Anweisungen für den Umgang mit den Menschen, mit denen sie ihre Zeit verbringen würden: „Wenn ihr in ein Haus kommt, sagt zuerst, 'Friede sei mit diesem Haus.' Wenn jemand dort diesen Frieden annimmt, wird euer Friede auf ihnen bleiben; wenn nicht, wird er wieder zu euch zurückkehren."[72] Als Jünger Jesu sollen wir „Gebet und Danksagung für alle Menschen" praktisch leben. Jesus bezeichnete die Menschen, mit denen wir die meiste Zeit verbringen sollen, als „Menschen des Friedens". [73] Diese Menschen empfangen uns mit Offenheit und Freundlichkeit. Sie hören was wir ihnen zu sagen haben und stellen neugierig ihre Fragen und sie antworten. Jesus bittet uns, mit solchen Menschen die meiste Zeit zu verbringen – nicht mit denen, die nur auf eine Debatte aus sind oder Diskussionen gewinnen möchten. Es gibt viele solcher Menschen des Friedens. Sie sind überall. Ich kann dir garantieren, du hast solche Menschen in deinem Beziehungsnetz, in deiner Familie und an deinem Arbeitsplatz. Es ist ein aufregender Gedanke, dass diese Menschen des Friedens wieder andere Menschen des Friedens kennen. So wächst das Netzwerk immer weiter. Ich habe in einem Zeitungsartikel gelesen, dass jeder von uns nur 4,74 Verbindungen vom Rest der Menschen dieser Welt entfernt ist.[74] Das bedeutet, ein Freund deines Freundes kennt wahrscheinlich einen Freund von jemandem überall auf der

Welt. Die sozialen Medien haben großen Einfluss darauf, wie sehr die Welt auf diese Weise kleiner geworden ist. Wenn wir vor diesem Hintergrund über Freundschaftsevangelisation nachdenken, eröffnet uns das ungeahnte Möglichkeiten.

Meine Lieblingsmethode

In der Bibel hat der Heilige Geist viele Namen. Er wird unser Anwalt, Führer und Ratgeber genannt. Diese Funktionen sind nicht nur auf ein paar wenige Situationen beschränkt, wie etwa wenn wir die Bibel lesen oder zu Gott beten. Der Heilige Geist möchte in all unseren Lebenssituationen und Lebensbereichen unser Anwalt, Führer und Ratgeber sein. Das bedeutet, er möchte auch an der Ernte mitbeteiligt sein.

Der Heilige Geist ist der beste Evangelist

Der Heilige Geist ist der beste Evangelist. Er sät in das Leben der Menschen und er erntet. Er wird dich beraten. Er wird dich leiten. Er kennt die Menschen, mit denen du Gemeinschaft hast besser, als sie sich selbst kennen. Er weiß wonach sie sich sehnen und auch was sie in jedem Augenblick ihres Lebens brauchen. Er hat die Schlüssel um verschlossene Türen zu öffnen. Es ist nicht immer einfach, zu erkennen, was Ernte-Sprache ist und was nicht. Glücklicherweise kann ich den Heiligen Geist immer fragen. Dies ist in der Evangelisation meine Lieblingsmethode, die einzige von der ich überzeugt bin: *Frage den Heiligen Geist*. Nimm dir einen Stift und ein Blatt Papier. Schreibe deinen Namen auf den Zettel und ziehe einen Kreis darum. Dann male um deinen Kreis herum weitere Kreise. Lehne dich zurück und entspanne dich. Bitte den Heiligen Geist, mit dir auf eine Reise durch alle deine Beziehungsnetzwerke zu gehen. Beginne mit den Menschen die du gut kennst und gehe bis hin zu denen, mit denen du eine mehr formale Beziehung lebst. Bitte den Heiligen Geist, dir zu erzählen was er sieht – was in deinem Netzwerk geschieht. Höre ihm zu und sprich mit ihm über das, was er dir zeigt. Wenn er dich an einen Namen erinnert (wenn ein Name beispielsweise in deinen Gedanken auftaucht), schreibt ihn in einen der noch leeren Kreise auf deinem Blatt.

Verbinde nach einer Weile die einzelnen Kreise miteinander; einige Menschen die du kennst, kennen sich auch untereinander. Siehst du das? Dein Netzwerk ist voller Menschen des Friedens. Du bist umgeben von einer reifen Ernte. Was du hier aufgemalt hast, ist nur dein Beziehungsnetzwerk. Stell dir vor, in deiner Gemeinde oder deiner Life-Group würde sich jeder hinsetzen und ein ähnliches Bild von seinem persönlichen Beziehungsnetz aufzeichnen. Wir hätten sehr bald eine Vorstellung einer weit größeren Ernte. Wir könnten dann unsere Diagramme zusammenlegen und darüber austauschen, wie sich unsere Netzwerke einander beeinflussen könnten. Wir würden gegenseitig für unsere persönlichen Freunde beten. Dies ist jetzt nicht nur eine Idee, die ich hier vorstelle – es ist das Thema des letzten Kapitels in diesem Buch: „Gemeinsam ernten."

Jeder kann lernen, die Ernte-Sprache zu erkennen

Wenn ich in einer Gemeinde über die Ernte-Sprache lehre, kommen im Anschluss daran häufig Menschen zu mir und fragen mich: „Was du uns erzählst ist aufregend. Aber funktioniert das auch wirklich genau so in der Praxis? Kann wirklich jeder lernen, diese Ernte-Sprache zu erkennen? Kann ich das lernen? Hinter dieser Frage steckt der unausgesprochene Gedanke: „Du bist 'Evangelist'. Du hast eine besondere Gabe und kannst damit die Ernte-Sprache erkennen. Für dich ist das kein Problem. Aber es gibt unterschiedliche geistliche Gaben und Dienste und nicht jeder von uns ist ein Evangelist. Deshalb kann eigentlich auch nicht jeder die Ernte-Sprache erkennen." Die Bibel erklärt uns ziemlich eindeutig den Unterschied zwischen geistlichen Gaben und Taten des Dienstes. Paulus betonte: „Eine geistliche Gabe ist jedem von uns gegeben, damit wir einander helfen können."75 Er erinnert uns auch daran, dass die Gaben den Zweck haben, „das Volk Gottes auszurüsten seinen Dienst zu tun und die Gemeinde aufzubauen, den Leib Christi."76

Mit anderen Worten, nicht nur die Evangelisten sollen die Ernte einholen, sondern der gesamte Leib der Gemeinde. Die vorrangige Aufgabe des Evangelisten besteht darin, „die Heiligen" - dich und mich – auszurüsten, um genau das umzusetzen.

Als der auferstandene Jesus sagte, „Ihr werdet meine Zeugen sein," sprach er hier nicht nur von einer Gruppe besonders ausgerüsteter Evangelisten. Er sprach zur gesamten Gruppe der Jünger, jeder von ihnen mit unterschiedlichen

Begabungen und Fähigkeiten. Jesus sagte: *„Ihr* werdet meine Zeugen sein."[77]

Wir sind alle dazu aufgerufen, von Jesus Zeugnis zu geben, unabhängig von unseren Fähigkeiten und Begabungen. Wir können alle lernen, die Ernte-Sprache zu verstehen. Wir haben alle den Heiligen Geist empfangen. Er ist der große Evangelist.

Einmal kam eine Frau nach einem Seminar zu mir und stellte mir eine ähnliche Frage: „Funktioniert dies wirklich auch so in der Praxis? Kann ich es lernen, diese Ernte-Sprache zu erkennen? Einige Tage später rief diese Frau ihre Fernsehgesellschaft an, um einige Kanäle zu kündigen, die sie nicht mehr länger sehen wollte. Sie liess sie wissen, welche Kanäle sie kündigen und welche sie gerne behalten würde. Einer der Kanäle, die sie weiterhin schauen wollte war der God Channel. Als sie diesen christlichen Fernsehkanal erwähnte, antwortete ihr der Servicemitarbeiter: „Ich bin Hindu." Diese Information kam wie ein Blitz aus dem Nichts. Genauso plötzlich kam ihr der Gedanke: „Ernte-Sprache"! Dies muss die Ernte-Sprache sein, von der ich auf diesem Seminar gehört habe! Warum sonst sollte mir dieser Mann mitteilen, dass er Hindu sei?" Die Frau antwortete: „Ich bin Christin." Dann erzählte sie ihm in einigen Sätzen, was ihr die Freundschaft mit Jesus persönlich bedeutete. Freude. Friede. Eine Zukunft. Hoffnung. „Ich brauche das, was Sie haben," antwortete ihr der Servicemitarbeiter. „Sie können das haben, alles was sie dafür tun müssen, ist Ja zu Jesus zu sagen," antwortete die Frau. Sie fügte hinzu: „Sie können

Jesus jederzeit und überall annehmen. Sogar hier über das Telefon, wenn sie es möchten." „Ich möchte das", antwortete der Servicemitarbeiter.

Ernte-Phasen

Erntearbeit durchläuft als Kreislauf unterschiedliche Phasen. Ich lege eine besondere Betonung auf die Erntephase, weil ich überzeugt bin, dass eine Mobilisierung an diesem Punkt am notwendigsten ist. Die Ernte ist tatsächlich reif und deshalb müssen wesentlich mehr Erntearbeiter bereit sein. Es kann jedoch sehr hilfreich sein, über die anderen Phasen in diesem Kreislauf ein wenig mehr zu wissen. „Alles hat seine Zeit, eine Zeit für jede Aktivität unter dem Himmel,"[78] steht im Buch Prediger. Dies gilt genauso auch für die Arbeit in der Ernte. Es gibt eine Zeit den Acker zu bestellen, eine Zeit zu säen, eine Zeit zu gießen und eine Zeit zu ernten.

Wir wollen uns jetzt einmal die anderen Phasen näher anschauen, die vor der Erntephase geschehen.

Den Boden bestellen

Ein großer Teil der Landschaft in meinem Heimatland Norwegen ist von Steinzäunen geprägt. Diese Zäune sind aus den Steinen gebaut, welche die Bauern aus der Erde herausgeholt haben, um diese bestellen zu können. Dies ist ein Beispiel für „bestellen".

In 1. Mose wird ein Bild gemalt von einem Feld, auf dem

bisher kein einziges Stück Gras gewachsen war. Gott hatte es auf der Erde nicht regnen lassen „und es gab niemanden, der den Boden bestellte."[79] Wenn wir als Erntearbeiter den Boden bestellen, räumen wir damit die störenden Felsen für die Menschen um uns herum aus dem Weg. Einige der häufigsten solcher Stolpersteine sind schlechte Erfahrungen mit Christen, das Gefühl verurteilt zu werden, Vorurteile, Missverständnisse und ein Mangel an Wissen. Wenn Menschen Christen kennenlernen, die ihnen mit Erbarmen und Liebe begegnen, werden viele dieser Stolpersteine wie von selbst verschwinden.

Ich besuchte einmal mit einem meiner Freunde ein frisch verheiratetes Paar. Der Mann litt an Krebs und wir besuchten ihn, um für ihn zu beten. Bevor wir zu beten anfingen fragten wir ihn, wie er denn seine Beziehung zu Gott beschreiben würde. Es tauchten mehrere solcher Stolpersteine auf. Er war als Kind Propaganda ausgesetzt, die behauptete, „Gott beobachtet dich immer. Du passt besser auf, was du machst." Erst kürzlich hätte er eine christliche Fernsehshow gesehen, mit der er überhaupt nicht einverstanden war. Ich hatte ebenfalls einige dieser Programme gesehen und musste zugeben, dass ich verstand, warum er jeden erdenklichen Grund hatte, so zu reagieren.

Wir konnten im Laufe unseres Gespräches einige dieser Stolpersteine für ihn aus dem Weg räumen. Gleichzeit konnten wir ihm die Liebe Gottes deutlich zeigen. Langsam aber sicher, mit Unterstützung des Heiligen Geistes bekamen das Paar ein klareres Bild davon, wie Gott wirklich war.

Das hieß, wir konnten dann auch die letzten Stolpersteine aus dem Weg räumen und später waren beide bereit, Jesus anzunehmen.

Säen

"So kommt der Glaube aus dem Hören, dem Hören der Guten Nachricht von Christus."[80] schrieb Paulus. Was ist die Gute Nachricht? Die Nachricht über das nahe gekommene Reich Gottes, weil Jesus Christus und das Reich all denen zugänglich und für sie verfügbar ist, die daran teilhaben möchten.

Es ist wichtig, dass der Glaube durch Taten sichtbar wird, was aber natürlich nicht bedeutet, dass Worte alleine unzureichend sein. Paulus stellte in seinem Brief an die Römer eine rhetorische Frage: „Wie denn können sie ihn denn anrufen, sie zu erretten, wenn sie nicht an ihn glauben? Und wie können sie an ihn glauben, wenn sie niemals von ihm gehört haben? Und wie können sie von ihm hören, wenn es ihnen niemand erzählt?"[81] Die meisten Menschen verstehen das Evangelium erst, wenn es ihnen mit Worten kommuniziert und erklärt wird.

Setze deshalb die Bibel aktiv ein. Schicke sie als SMS, stelle sie auf Facebook. Lies die Bibel gemeinsam mit Freunden, die neugierig sind. Trainiere die Geschichte Jesu mit deinen eigenen Worten zu erzählen. Sei auch vorbereitet deine persönliche Geschichte zu erzählen, wie du ein Freund Jesu geworden bist. Halte nichts zurück: „Wer nur wenig sät wird auch nur wenig ernten und wer großzügig sät, wird auch großzügig ernten." Wenn du dir unsicher bist, was das Wort Gottes tun kann, nimm einmal tief Luft und lies diese Worte Jesajas: „Regen und Schnee komme aus den Himmeln und bewässern damit die Erde. Sie lassen das Korn wachsen, bringen den Samen für den Bauern hervor und das Brot für den Hungrigen. Genauso verhält es sich mit meinem Wort. Ich sende es aus und es wird immer Frucht hervorbringen. Es wird all das erreichen was ich möchte und wird überall aufblühen wohin ich es sende."[82] Mache dir ebenfalls bewusst, dass Jesus schon für die Menschen gebetet hat, denen du das Evangelium weitergeben wirst: „Ich bete nicht nur für diese Jünger sondern auch für all diejenigen, die durch ihre Botschaft an mich glauben werden."[83]

Bewässern

Bewässern bedeutet, den Menschen treu zu sein, die Jesus dir anvertraut hat. Die Frau, von der ich dir zu Beginn des Buches erzählt habe, ist ein gutes Beispiel dafür: Sie betete vierzig Jahre lang jeden Tag für ihren Ehemann. Schliesslich kam er zum Glauben.

Wir bewässern, wenn wir Menschen immer wieder unermüdlich ermutigen, ihnen zuhören, sie segnen und für sie beten. All das hilft uns, das Wort, das gesät wurde, mit guten Wachstumsbedingungen weiterzugeben. Es wird zu seiner Zeit aufwachsen und sich zu einer reifen Ernte entwickeln, die du und ich dann voller Freude einholen werden.

Bestellen, Säen, Bewässern und Ernten: Dies sind die Phasen der Ernte. Was davon ist unwichtig? Gott ist es der Wachstum hervorbringt: „Ich pflanzte die Saat in eure Herzen, Apollos bewässerte sie, aber es war Gott, der sie wachsen ließ."[84]

Dieser Vers aus dem ersten Brief an die Korinther erinnert uns an eine weitere wichtige Tatsache: Evangelisation ist kein Solo-Projekt. Sie geschieht im Team und wir arbeiten alle miteinander und mit Gott zusammen.

Wir ernten gemeinsam.

68. Hohelied 3;11
69. John 14;6
70. Matth. 19;17
71. Luk. 19;1-10
72. Luk. 10;5,6 7
73. Luk. 10;6
74. Aftenposten,
    23. November 2011
75. 1. Kor. 12;7

76. Eph. 4;12
77. Apg. 1;8
78. Prediger 3;1
79. 1.Mose 2;5
80. Röm. 10;17
81. Röm. 10;14
82. Jes. 55;10
83. Joh. 17;20
84. 1. Kor. 3;6

6

Gemeinsam in der Ernte

Ernten ist Teamarbeit

Die Life-Group bestand aus sieben Mitgliedern. Manche von uns waren erst in diese Wohngegend gezogen, andere lebten schon so lange sie denken konnten dort und waren gut mit den Familien, Freunden und Bekannten in der Gegend verbunden. An einem Abend saßen wir zusammen und zeichneten eine Karte unserer sozialen Netzwerke und legten anschließend unsere Karten nebeneinander auf den Wohnzimmertisch. Dies öffnete uns die Augen. Wir entdeckten Verbindungen und Verknüpfungen, die uns bisher überhaupt nicht aufgefallen waren. Es offenbarte sich eine große Ernte. Dann begannen wir damit, für die Freunde und Bekannten der anderen zu beten. Wir beteten, dass uns der Heilige Geist die Nöte dieser Menschen zeigte und wie wir diesen begegnen könnten. Das Meiste was wir taten waren einfache, alltägliche Dinge. Wir telefonierten einfach nur, um uns mit ihnen zu unterhalten; wir luden die Menschen zum Kaffee ein, gingen gemeinsam ins Kino oder zum Angeln. Kurz nach Beginn unserer Life-Group lernte ich Steve kennen. Er hatte gerade erst Jesus in sein

Leben aufgenommen, aber niemand hatte sich seitdem weiter um ihn gekümmert. Ich lud ihn mit in unsere Life-Group ein.

Als die Gruppe sich einmal bei Steve zu Hause traf, waren seine Eltern gerade bei ihm zu Besuch. Wir hatten mit ihnen schon eine gute Verbindung aufgebaut und bald schon schlossen auch sie sich unserer Life-Group an. Wir lernten mehrere von Steve's Freunden kennen. Manche von ihnen kamen zur Gruppe dazu, wo sie dann Jesus in ihr Leben aufnahmen. Zwei dieser Freunde waren Jennie und Mike. Sie hatten selbst ein großes soziales Netzwerk, was uns viele neue Kontakte mit Menschen brachte. Gemeinsam mit Jennie und Mike beteten wir eine Zeitlang für Liz und Pete. Wir waren öfters bei ihnen zu Hause zum Kaffeetrinken. Pete kam an einem Sonntag morgen zu einem Treffen mit in unsere Gemeinde. Dort nahm er Jesus an (siehst du, es kann sogar an einem Sonntag passieren, auch wenn sich dieses Buch fast ausschliesslich auf Montag konzentriert). Nicht lange danach traf Liz die gleiche Entscheidung. Im Netzwerk von Liz und Pete hatten mehrere Menschen ihr Leben Jesus gegeben. Wir hatten also erlebt, dass einige der Nachbarn zum Glauben gekommen waren, nachdem einer von ihnen zu einem der Life-Group-Treffen gekommen und dort geheilt worden war.

Die LifeGroup begann mit sieben Teilnehmern. Als immer mehr Menschen von Jesus ergriffen wurden, breitete das Netzwerk sich immer weiter aus. Nach einer Weile sah es folgendermaßen aus:

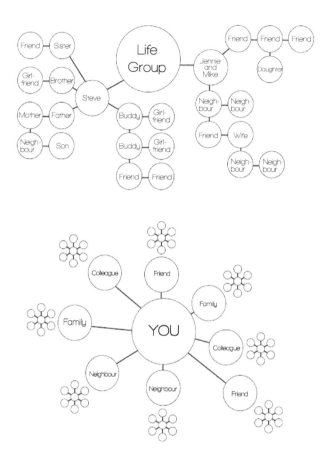

Stell dir deine Gemeinde vor und jedes Mitglied ist wie dieses Bild. Sie berühren jemanden, der wiederum jemand anderen berührt. Ein Haus des Friedens wird unausweichlich ein weiteres Haus des Friedens erkennen. Wenn du also Teil einer Life-Group, Zellgruppe, usw. bist, denke größer. Wenn es 30 von dir gibt, dann stell dir 300 vor.

Der Schlüssel unserer Life-Group ist der, dass wir als Team zusammenarbeiten. Wir ernten gemeinsam, Seite an Seite und genau das ist entscheidend. Wir machen unsere Netzwerke immer wieder sichtbar. Wir beten zusammen für die Kontakte der jeweils anderen. Wir dienen den Menschen gemeinsam mit unseren unterschiedlichen Persönlichkeiten und Begabungen. Gemeinsam gewinnen wir das Vertrauen der Menschen. Gemeinsam bauen wir Freundschaften. Gemeinsam heißen wir neue Menschen in unserer Gemeinschaft willkommen. Gemeinsam erleben wir, wie neue Menschen zum Glauben kommen. Wir helfen den neuen Christen gemeinsam Jünger Jesu zu werden. Nicht jeder für den wir beten hat Jesus angenommen. Damit lernen wir unsere Lektion in Sachen Treue und Geduld. Mehrere der Menschen, für die wir gebetet und mit denen wir Freundschaften gebaut haben, sind auch Jahre später noch nicht zum Glauben gekommen.

Von Gott gegebene Begrenzungen

Wenn Menschen einem einzelnen Christen begegnen, bekommen sie nur einen kleinen Einblick von Jesus. Begegnen sie uns als Gemeinschaft, haben sie die Gelegenheit, mehr von Jesus zu entdecken und mehr von seiner Liebe zu erleben. Wenn wir zusammenstehen, können sie und auch wir verstehen, „wie weit, wie lang, wie hoch und wie tief seine Liebe ist. Möget ihr die Liebe Christi erleben, auch wenn sie viel zu groß ist, um sie vollständig zu verstehen."[85]

Hast du dich jemals schon mal über deine eigenen Begrenzungen aufgeregt? Bist du jemals schon einmal der Versuchung erlegen, dich mit anderen Menschen zu vergleichen? „Hätte ich nur seinen Mut oder ihr Talent. Wenn ich nur ihr Wissen hätte oder seine sozialen Fähigkeiten."

Vergleich bringt nur Stolz (wenn du glaubst, du seist mehr wert als jemand anderes) hervor oder Entmutigung (wenn du empfindest, du seist unzureichend). Beides sind bittere Wurzeln, die nicht vom Heiligen Geist kommen. Freue dich an deinen Begrenzungen!

Freue dich an deinen Begrenzungen!

Die Tatsache, dass du nicht alles kannst, alles weißt oder sämtliche geistlichen Gaben hast, hat eine ganz einfache Erklärung: Gott wollte es genau so. Er hat dich aus einem konkreten Grund mit solchen Begrenzungen geschaffen: Er möchte, dass du ihn in allem was du tust Seite an Seite mit anderen ehrst. Paulus schrieb an die Gemeinde in Korinth, in der es viele Mitglieder gab, die von ihrer eigenen Größe wie geblendet waren: „Wie seltsam würde ein Körper mit nur einem Glied aussehen! Ja, es gibt viele Glieder aber nur einen Lieb. Das Auge kann niemals zu der Hand sagen: 'Ich brauche dich nicht.' Der Kopf kann nicht zu den Füßen sagen, 'Ich brauche dich nicht.' Tatsächlich sind manche Körperteile, die scheinbar die Schwächsten und Unwichtigsten zu sein scheinen, die eigentlich Notwendigen...Ihr alle seid zusammen der Leib Christi und jeder von euch ist ein Teil davon."[86]

Wenn wir zusammenarbeiten, helfen wir uns gegenseitig mit dem, was wir gut können und was uns an Fähigkeiten geschenkt worden ist. Nichts davon ist unwichtig. Paulus schrieb, dass es der Heilige Geist ist, „der all diese Gaben austeilt. Er alleine entscheidet, welche Gabe jeder Mensch haben sollte."[87] Es sind die Gaben des Geistes und nicht unsere eigenen. Die Gaben sind Werkzeuge und der Heilige Geist gebraucht sie, um seine Absichten hier auf der Erde umzusetzen. Er setzt die Gaben ein, wann und wo er möchte und gebraucht dazu wen er möchte. Das Einzige, was wir tun müssen ist, verfügbar zu sein, damit die Kraft Gottes durch uns fliessen kann und bewirkt, was er möchte. Richte deine Aufmerksamkeit nicht auf die Gaben, sondern auf den Geber und was dieser möchte. Der Heilige Geist verweist in allem was er tut auf Jesus und macht ihn groß.

Das Wichtige ist nicht „wer was tut," sondern dass jeder Mensch das tut, was der Heilige Geist ihn oder sie bittet zu tun. Manche sind richtig gut darin, andere Menschen zu erkennen und andere sind großartige Komödianten, die überall wohin sie gehen Freude und Lachen verbreiten. Andere haben die Fähigkeit, zuzuhören und die richtigen Fragen zu stellen.

Ich habe immer wieder das Zusammenspiel der unterschiedlichen Persönlichkeiten und Begabungen gesehen, die sich in einer Gemeinschaft entfaltet haben. Es fasziniert mich jedes Mal wieder neu.

Alles begann auf der Fähre

Andrew sitzt auf der Fähre, auf dem Weg zu einer kleinen

Insel. Am Nachbartisch hatte sich gerade eine Gruppe Freunde hingesetzt. Sie unterhielten sich laut und intensiv und es war nicht schwer zu verstehen, worüber sie sprachen, denn die Worte Gott und Jesus fielen in beinah jedem Satz. Andrew wurde neugierig, also hörte er dieser Unterhaltung ganz diskret zu. Zu Anfang bemerkte ihn niemand, aber bald schon bemerkte die Gruppe, dass sie einen Zuhörer hatten. Sie wendeten sich Andrew zu und begannen ein Gespräch mit ihm. Er war zuerst ein wenig genervt aber schnell im Gespräch mit dabei und Teil der Gemeinschaft. Im Hafen angekommen fragten sie Andrew, ob er am Abend nicht zu einer ihrer Versammlungen im Haus einiger Christen mitkommen wollte. Eigentlich hatte Andrew an diesem Abend zu tun, aber in der darauf folgenden Woche kam er mit. Er wurde sehr freundlich willkommen geheißen; dieses Willkommen und die Gastfreundschaft machten etwas mit Andrew. Eine Woche danach kam er wieder und brachte seinen Freund Justin mit. Am Ende des Abends wurde Andrew gefragt, ob er Jesus aufnehmen wollte. Dieser Gedanke war ihm nicht fremd, aber er antwortete: „Ich warte noch bis Montag. Dann kann ich wenigstens noch dieses Wochenende Party machen und mich betrinken."

Josh, einer der Leiter dieser Life-Group sagte, „Es ist deine Sache. Du kannst tun was du möchtest." Andrew begann jetzt darüber nachzudenken, was er denn wirklich wollte. Schließlich erkannte er, dass es keinen wirklich guten Grund gab, diese Entscheidung weiter aufzuschieben, nicht einmal bis zum darauffolgenden Montag. „Vielleicht sollte ich Jesus doch schon heute Abend in mein Leben lassen," sagte Andrew. Sein Kumpel Justin tat genau das Gleiche.

An Land geht es weiter

Josh verbrachte während der nächsten Monate viel Zeit mit Andrew. Manchmal tauchte er mit einer frischen Pizza unterm Arm bei ihm auf. Eine Freundschaft begann. Voller Freude beobachtete Josh, wie sich Andrew's Leben zu veränderte, nachdem er Christus angenommen hatte. Mark, ein früherer Arbeitskollege von Andrew bemerkte diese Veränderungen ebenfalls. „Ich hatte Andrew als jemanden kennengelernt, der immer dachte etwas besonderes zu sein. Auf den Arbeitsparties war er immer derjenige, der Ärger machte." Seitdem er Christ war, schien Andrew so anders zu sein. Sein Humor sei noch der gleiche, aber er prahle nicht mehr so sehr wie früher. Mark kam es so vor, als sei Andrew bescheidener geworden. Seine ehemaligen Kollegen nahmen wieder Kontakt zu Andrew auf. Was Mark nicht wusste war, dass sich Andrew entschlossen hatte, ihn für Jesus zu gewinnen. Er hatte begonnen für ihn zu beten und bei der ersten Gelegenheit lud er ihn zu der christlichen Gemeinschaft ein. „Mein Plan schlug fehl," sagt Andrew. „Einige aus der Gemeinschaft waren schneller als ich. Sie luden Mark zu einer Versammlung ein, in der er Jesus sein Leben gab. Mark war Christ geworden bevor wir wieder persönlichen Kontakt miteinander aufgenommen hatten. Also musste ich anschliessend sein Freund werden." Sein Cousin Eric bemerkte ebenfalls die Veränderungen in Mark's Leben. „Was mich neugierig machte, war der große Unterschied in Mark's Leben vor und nachdem er Christ geworden war. Mir ging es persönlich in dieser Zeit auch nicht besonders gut. Also fragte ich Mark, ob Jesus nicht auch mir helfen könnte." Mark bejahte dies ohne auch nur einen Augenblick zu zögern.

Eric wollte nun auch Mark's christliche Freunde kennenlernen. Während einer unserer abendlichen Gottesdienste begegnete Mark Gott und gab Jesus an diesem Abend sein Leben.

Andrew, Mark und Eric brannten nun dafür, dass noch mehr ihrer Freunde Jesus fänden. Sie beteten für sie, luden sie zu sich nach Hause ein und gingen mit ihnen ins Kino. „Mehrere unserer Kumpels wurden errettet. Es hörte nicht auf, es ging einfach immer weiter," erzählte Mark.

Lukas 10: Arbeitsanweisungen

In Lukas Kapitel 10, Verse 1-12 lesen wir die konkreteste Arbeitsanweisung für Erntearbeiter in der Bibel. Vieles von dem, was Jesus in diesem Bibelabschnitt erzählte, haben wir uns schon angeschaut:

- Die Ernte ist so groß und uns so nah, dass sie unsere Fußsohlen berührt.
- Es gibt zu wenig Arbeiter aber es werden mehr, wenn ganz normale Jünger verstehen, dass die Aufgabe zu ernten für jeden gilt.
- Wir sollen zu den Menschen des Friedens gehen, sie grüßen und bei ihnen bleiben.
- Ein Ernte-Team besteht aus mindestens zwei Jüngern, die Jesus gemeinsam aussendet.

Bis hier her habe ich immer nur Auszüge aus Lukas 10 zitiert. Hier fehlt etwas. Hier der Text als ganzes. Lies ihn. Lerne daraus. Lebe es.

Danach setzte der Herr zweiundsiebzig andere ein und sandte sie je zwei und zwei vor sich her in alle Städte und Orte, wohin er gehen wollte, und sprach zu ihnen: Die Ernte ist groß, der Arbeiter aber sind wenige. Darum bittet den Herrn der Ernte, dass er Arbeiter aussende in seine Ernte. Geht hin; siehe, ich sende euch wie Lämmer mitten unter die Wölfe. Tragt keinen Geldbeutel bei euch, keine Tasche, keine Schuhe, und grüßt niemanden auf der Straße. Wenn ihr in ein Haus kommt, sprecht zuerst: Friede sei diesem Hause! Und wenn dort ein Kind des Friedens ist, so wird euer Friede auf ihm ruhen; wenn aber nicht, so wird sich euer Friede wieder zu euch wenden. In demselben Haus aber bleibt, esst und trinkt, was man euch gibt; denn ein Arbeiter ist seines Lohnes wert. Ihr sollt nicht von einem Haus zum andern gehen. Und wenn ihr in eine Stadt kommt und sie euch aufnehmen, dann esst, was euch vorgesetzt wird, und heilt die Kranken, die dort sind, und sagt ihnen: Das Reich Gottes ist nahe zu euch gekommen. Wenn ihr aber in eine Stadt kommt und sie euch nicht aufnehmen, so geht hinaus auf ihre Straßen und sprecht: Auch den Staub aus eurer Stadt, der sich an unsre Füße gehängt hat, schütteln wir ab auf euch. Doch das sollt ihr wissen: Das Reich Gottes ist nahe herbeigekommen. Ich sage euch: Es wird Sodom erträglicher ergehen an jenem Tage als dieser Stadt.

(Lukas Kapitel 10, Verse 1-12. Du kannst auch den Paralleltext in Matthäus 10 lesen)

Identifiziere die Netzwerke

Mehrere Jahre schon konnte ich nun Gemeinden bei dem Thema Ernte unterstützen. Alle Gemeinden, so unterschiedlich sie auch sein mochten, machten eine gemeinsame Erfahrung: Als sie begannen die sozialen Netzwerke ihrer Mitglieder näher zu untersuchen, öffneten sich überall Türen. Vielen Gemeinden wurden die Augen geöffnet, wenn die sozialen Netzwerke ihrer Mitglieder sichtbar wurden.

Wir begannen immer mit der Frage: Wer sind die Menschen in deinem Netzwerk? Was glaubst du, welche Menschen positiv von dir und deinem Glauben denken? Wer hört dir zu, wenn du mit ihnen von deinem Glauben erzählst, und wer stellt tiefergehende Fragen? Wer klopft an deine Tür, wenn er eine Not hat und wer kommt mit seinen persönlichen Problemen zu dir?

Um es mit den Worten Jesu aus Lukas Kapitel 10 zu sagen: Wer sind die Personen des Friedens in deinem Netzwerk? In dieser Identifizierungs-Phase (wie auch den anderen Ernte-Phasen) brauchen wir unbedingt die Führung und Beratung durch den Heiligen Geist. Er kennt dein Netzwerk besser als du. Er weisst genau, was im Leben der Menschen um dich herum vorgeht.

Wenn die Gemeindemitglieder dann einige Zeit nachgedacht und gebetet hatten und der Heilige Geist zu ihnen sprach, bat ich sie, sich ein Blatt zu nehmen und ihre Netzwerke aufzuzeichnen.

Eine einfache Zeichnung von deinem „Netzwerk der Personen des Friedens" kann etwa so aussehen wie die Zeichnung auf Seite.

Wenn du dann deine Zeichnung neben die eines anderen Gemeindemitglieds legst, wirst du etwas faszinierendes feststellen. Es ergeben sich Verbindungen zwischen den einzelnen Netzwerken! Manche Menschen in deinem Netzwerk sind genauso auch Teil meines Netzwerkes. Wir können hier also zusammenarbeiten. Wir können für unsere gemeinsamen Freunde beten und kreative Pläne schmieden, wie wir unsere Netzwerke gegenseitig inspirieren und beeinflussen. Das klingt doch großartig, oder? Zumindest erst einmal *in der Theorie* auf dem Papier. Funktioniert das jedoch auch in der *Praxis?*

Eine Woche im November

In den achtziger Jahren wurde in Großbritannien eine Gemeinde gegründet. Diese Gemeinde hatte von Beginn an eine eindeutige Vision, die Stadt und Region mit der Liebe Gottes zu verändern. Im Laufe der ersten Jahre kamen Menschen zum Glauben und die Gemeinde wuchs. Einige Jahre später hatte diese Gemeinde mehrere hundert Mitglieder. Es geschahen viele gute Dinge und die Aktivitäten waren begeisternd. Doch die eindeutige Ausrichtung in der Stadt einen Unterschied zu machen und die Menschen mit der Liebe Gottes zu berühren, war langsam aber sicher zurückgegangen. All das geschah unbemerkt, ohne dass jemand in der Gemeinde dies bewusst so wollte. Sie waren immer noch eine große und aktive Gemeinde, nur etwas weniger nach außen gerichtet als zu Beginn. Dies hatte sich während der letzten zehn Jahre entwickelt. Waren die Menschen in der Gemeinde heute damit zufrieden? Setzte man sich mit ihnen hin und hörte zu, wurde offensichtlich, dass sie mit dieser Situation überhaupt nicht glücklich waren. Sie erkannten, dass man sich in den vergangenen Jahre viel zu sehr um „das interne Aufrechterhalten" der Gemeinde gedreht hatte. Dies war auf Kosten ihrer eigentlichen Absichten und ursprünglichen Vision geschehen: Menschen in ihrer Stadt sollten zum Glauben an Jesus kommen und zu seinen Jüngern werden.

Ich lernte diese Gemeinde vor etwa eineinhalb Jahren kennen. Sie luden mich ein, über das Thema Ernte zu lehren. Wir verbrachten ein Wochenende miteinander und nahmen uns die meiste Zeit dafür, uns die sozialen Netzwerke der einzelnen Gemeindemitglieder anzuschauen. Als sie gefragt wurden, wer positiv auf sie und ihren Glauben reagiere, wurden eine Menge Namen genannt. Ich habe das in mehreren Gemeinden schon sehr häufig erlebt: Wenn wir über die Ernte sprechen, beginnen wir automatisch über Kampagnen, Strategien und Methoden nachzudenken. Diese Dinge mögen wirkungsvoll sein, aber ich spreche viel lieber über *Menschen*. Warum? Weil wir die Menschen für die Ernte häufig gar nicht sehen! Wir hören nicht, wie die Ernte sieben Tage die Woche ab Montag morgen zu uns spricht. Stattdessen *überhören* wir die Ernte-Sprache der Menschen, die uns gegenüber offen sind und uns ihre persönlichen Herausforderungen und Schwierigkeiten anvertrauen. Während dieses ersten Wochenendes mit der Gemeinde sprachen wir hauptsächlich über Menschen. Wir sprachen und beteten für sie. Am Ende des Wochenendes forderte ich die Gemeindemitglieder heraus, Zeit mit all diesen Menschen zu verbringen. Mit ihnen Freundschaft zu bauen, sie zu sich nach Hause einzuladen, sie konkret und kreativ in ihr Leben einzubeziehen und sie zu segnen.

Vor kurzem besuchte ich die Gemeinde wieder. Es war ermutigend, den Enthusiasmus und die Begeisterung dieser Gemeinde zu erleben. Wir wollten eine Woche miteinander verbringen, eine Woche im Erntefeld und den Menschen begegnen, die reif für die Ernte waren.

SONNTAG Ein Student hatte einen Studienkollegen zum Morgengottesdienst der Gemeinde eingeladen. Jemand anderes hatte eine Person angerufen, die schon seit mehr als zehn Jahren nicht mehr zur Gemeinde gekommen war. Eine Mutter hatte ihre Tochter gefragt, ob sie nicht mitkommen wollte. Alle drei gaben Jesus ihr Leben.

MONTAG Ein Ehepaar der Gemeinde lud ein anderes befreundetes Paar in ein Cafe ein. Sie war schon zu einigen Versammlungen der Gemeinde gekommen. Er wollte bisher jedoch in seinem ganzem Leben keinen Fuß in ein Kirchengebäude setzen. Nun kam die Kirche zu ihm. Dort im Cafe, während einer entspannten Unterhaltung unter Freunden, begegneten beide der Liebe Gottes und genau dort gaben beide Jesus ihr Leben.

Am Abend hatte ein Ehepaar der Gemeinde, die beide ein Antiquitätengeschäft in der Stadt führten, uns zu sich nach Hause eingeladen. Mehrere ihrer Kunden beschäftigten sich mit alternativer Spiritualität: Heilung, Kristalle, Energien, usw. Das Ehepaar hatte einige von ihnen an diesem Montagabend nach Hause eingeladen. Wir hatten begeisternde Gespräche über die großen Fragen des Lebens. Drei Kunden dieses Antiquitätengeschäftes waren sehr offen für unser Gebet für sie. Sie erlebten währenddessen die Gegenwart und Kraft Gottes in einer Weise, die sie vorher so noch nie erlebt hatten. Alle drei nahmen Christus als ihren Herrn an.

DIENSTAG Ein paar Studenten aus der Gemeinde hatten einen Alpha-Kurs an der Universität der Stadt vorbereitet. Er fand in einem Studenten-Appartement auf dem Campus während der vorlesungsfreien Zeit am Mittag statt. Einer der Alpha-Kurs-Teilnehmer empfing Jesus in sein Leben. Am Abend waren wir bei einem Ehepaar zuhause eingeladen – Freunde von einem Gemeindemitglied. Er war Christ, sie nicht, zumindest bis zu diesem Dienstag Abend.

MITTWOCH Wir waren in einem Gebetstreffen im Gemeindegebäude. Wir beteten und fragten Gott nach seinen Gedanken für die Stadt und deren Bewohner. Während wir beteten, lief auf dem Bürgersteig vor dem Gebäude ein Mann vorbei. Er war gerade heute nach London unterwegs, um sich mit einem Geistheiler und Wahrsager zu treffen. Er sah, wie ein Mann das Kirchengebäude betrat und fühlte sich zu diesem Mann hingezogen. Der Mann, der Pastor dieser Gemeinde, fragte ihn, ob er nicht hineinkommen wollte. Einmal im Gebäude erlebte er die Gegenwart der Liebe Gottes. Auch hörte er einen Satz mit, den jemand im Gebäude sagte: „Es gibt nur einen Weg zu Gott: Jesus Christus." Der Mann antwortet sofort: „Jesus, komm in mein Leben."

DONNERSTAG Wir waren wieder zurück im Cafe. Ein Gemeindemitglied hatte einen Freund eingeladen, den sie schon eine ganze Zeit lang nicht mehr gesehen hatten. Wir sprachen über Gott und währenddessen wurde er mit dem Heiligen Geist erfüllt. Er begann in Zungen zu sprechen. Das Gleiche geschah einer Frau, mit der wir später sprachen. Am Abend trafen wir uns mit einem weiteren Freund eines Gemeindemitglieds in der Gemeinde. Der Mann arbeitete als Türsteher und sah auch entsprechend aus. Er war ein harter Jung, aber Gott erwies sich ihm als stärker. Der Türsteher hörte das Evangelium, dass „die Kraft Gottes ist und wirkt und jeden errettet, der glaubt."[88] Der Türsteher glaubte.

FREITAG Am Freitag trafen wir ein christliches Ehepaar, das in einem anderen Stadtteil wohnte. Sie gingen gerade durch eine harte Zeit und freuten sich deshalb sehr über unseren Besuch. Wir beten gemeinsam und ermutigen sie. Sie wollten zusammen mit der Gemeinde die Menschen in ihrem Stadtteil erreichen.

SAMSTAG Wir verbrachten den Nachmittag im Haus eines Ehepaars der Gemeinde, die ihre gesamte Familie eingeladen hatten. Viele von ihnen wünschten sich Gebet und zwei nahmen Jesus in ihr Leben auf.

SONNTAG Ein junges Mädchen gab Jesus während des Sonntagsgottesdienstes ihr Leben. An diesem Abend feiert die Gemeinde ein großes Fest. Mit Ausnahme von zwei kamen alle diejenigen zu dieser Party, die Jesus im Laufe der Woche ihr Leben gegeben hatten. Viele brachten ihre Familien,

Freunde und Kollegen mit. Es war einfach begeisternd ,sie zu sehen und ihre Geschichten zu hören, wenn sie aufstanden und von dem erzählten, was ihnen geschehen war. Für den Ehemann einer Frauen, welche ihre Erfahrung erzählte, war es besonders eindrucksvoll. Während er das Zeugnis seiner Frau hört, entschloss er sich ebenfalls, Jesus sein Leben zu geben. Einige Monate später telefonierte ich wieder mit dem Pastor dieser Gemeinde. Er erzählte mir, dass all diese Leute in der Gemeinde jetzt aktiv beteiligt seien. Er fügte hinzu: „Wir führen immer noch neue Menschen zu Jesus."

Drei Wochen im Juni

Eine Gemeinde in England, die ich besuchte, hatte etwa 250 Mitglieder. Schon einige Jahre lang erlebte diese Gemeinde kontinuierliches aber langsames Wachstum. 2007 hatte die Gemeinde damit begonnen, die Ernte in ihrer Stadt einzubringen. Die Mitglieder kamen zusammen, um das Evangelium zu praktizieren und ihr persönliches Zeugnis weiterzugeben. Sie waren gelehrt worden, wie man die Stimme des Geistes erkennt und für Menschen betet. Sie nahmen sich in ihren Gemeindeversammlungen viel Zeit für persönliche Zeugnisse der Menschen, die das Evangelium jemandem weitergegeben oder für einen Kranken gebetet hatten.

Meine Aufgabe war es, ihnen zu helfen, die natürlichen sozialen Netzwerke der Gemeindemitglieder zu identifizieren. Ich stellte ihnen die Frage: „Über welche Person in deinem Freundeskreis glaubst du, spricht der Heilige Geist zu dir?

Kennst du jemanden, der die Kraft Gottes ganz persönlich erfahren muss?"

Viele weiteren Fragen wurden gestellt, um den Menschen zu helfen, dass sich ihre Augen für die Ernte öffneten, die dort draußen auf sie wartete. Menschen wurden ermutigt, kreativ zu sein und Gott zu bitten, ihnen neue Wege zu zeigen, wie sie mit Menschen um sie herum Kontakt aufnehmen konnten. Jeder Mensch ist anders; das bedeutet, wir müssen unterschiedliche Wege finden, um die Vielen um uns herum zu erreichen. Wir bereiteten uns darauf vor, dass der Heilige Geist die Ernte aller Wahrscheinlichkeit nach nicht einfach in das Gemeindegebäude hinein wehen würde. Wir vermuteten, dass uns der Heilige Geist wahrscheinlich aus dem Gemeindegebäude aussenden würde, in die auf uns wartende Ernte hinein.

Für Juni 2008 planten wir eine Woche, in der die Gemeindemitglieder aktiv mit den Menschen Kontakt aufnehmen sollten, von denen sie den Eindruck hatten, Gott habe sie während der Phase der „Identifizierung der Netzwerke" an diese Namen erinnert. Sie telefonierten mit Freunden und Nachbarn. Sie luden sie zum Frühstück, Mittagessen, Abendessen, Kaffee und Kuchen, ja sogar zu spätabendlichen Nachtsnacks ein. Es fanden Grillparties, Käseparties und andere Parties statt. Kreativität explodierte förmlich und es wurde über eine Menge Fortschritt erzählt. Die Gemeindemitglieder bezogen sich gegenseitig in ihre Netzwerke ein und nutzen ihre jeweiligen Gaben und Fähigkeiten untereinander. Sehr bald wurde deutlich, dass dies ein wichtiger Katalysator für das werden sollte, was später geschah.

In den nächsten drei Wochen erlebte die Gemeinde, dass jeden Tag vier bis fünf Menschen Jesus ihr Leben gaben. Manche wurden von ihren Krankheiten geheilt und andere von ihrer Drogensucht befreit. Im Verlauf des Juni erlebten viele Gemeindemitglieder, wie ihre Freunde, Nachbarn und Kollegen zum Glauben kamen. Viele davon waren Menschen, für die sie schon länger gebetet hatten, ohne sich der Tatsache bewusst zu sein, dass sie schon längst reif waren für die Ernte. Andere begannen unter Flüchtlingen und Migranten zu arbeiten und halfen ihren neuen Mitbürgern in ihrem praktischen Lebensalltag: Sie halfen Formulare auszufüllen und die englische Sprache zu lernen. Jede Woche hatten sie eigene Versammlungen, in denen Viele Jesus ihr Leben gaben. Der Schlüssel für diese Menschen war die praktische Liebe der Gemeindemitglieder.

Nun zu der entscheidenden Frage: Ist jeder von denen, die im Juni 2008 Jesus ihr Leben gaben auch heute noch Mitglied dieser Gemeinde? Um ehrlich zu sein, die Antwort ist nein. Nur drei von vier von ihnen sind heute aktive Gemeindemitglieder. Eine der wichtigsten Erklärungen dieser Tatsache, dass bis heute noch so viele von ihnen die Gemeinde besuchen, ist die Stärke der persönlichen menschlichen Beziehungen der Gemeinde. Es ist von entscheidender Bedeutung, dass die Jüngerschaft der neuen Christen schon am ersten Tag beginnt.

Erlebt diese Gemeinde immer noch das gleiche Wachstum wie im Jahr 2008? Sie sehen nicht mehr so viel Wachstum wie damals, aber erleben jede Woche, dass Menschen zum Glauben kommen. Sie selbst sagen, dass dieser Monat damals für sie als Gemeinde ein Paradigmenwechsel war. Sie hatten begonnen neu zu denken und zu handeln. Alles begann damit, dass die Gemeinde die Anweisungen Jesu aus Lukas Kapitel 10 ernst genommen hatte. Sie hatten sich auf die Menschen des Friedens ausgerichtet und kamen deshalb mit Menschen in Berührung, die „Jesus selbst auch besucht hätte". Jesus hatte schon geplant diese Menschen zu besuchen, hatte aber die Menschen aus dieser Gemeinde vorausgeschickt. Direkt im Anschluss war Jesus dann mit seiner Erlösung, Wiederherstellung und neuem Leben zu ihnen gekommen. Ich drücke es normalerweise so aus: Wir gehen, er kommt.

Gott sei Dank, es ist Montag

Ich habe in diesem Buch einige Geschichten erzählt und die wichtigsten Erfahrungen weitergeben, die ich im Laufe von mehreren Jahrzehnten als Erntearbeiter gelernt habe. Hier eine Zusammenfassung:

1. Gottes Liebe ist die treibende Kraft. Gott liebt Menschen: dich und jeden anderen.
2. Die Ernte ist bereit. Du und ich sind von ihr umgeben und stehen mitten drin.
3. Jesus sendet uns. Du gehörst zu einer Gruppe ausgesandter Menschen.
4. Der Heilige Geist erfüllt und leitet uns. Er hat die Führungsrolle und alles unter seiner Kontrolle.
5. Die Ernte spricht zu uns, selten jedoch mit lauter Stimme.

Gebrauche deine Augen und Ohren!

6. Ernte ist Teamarbeit. Wir sind wesentlich stärker wenn wir zusammen stehen.

Herzlichen Dank für deine Reise mit mir durch dieses Buch. Ich bin überzeugt, dass dir und deinen Freunden eine begeisternde Reise bevorsteht, eine Reise, die dir viele neue Freunde und Jesus viele neue Nachfolger bringen wird.

Gott sei Dank, es ist Montag. Jesus sagt: „Nun geh!"[89]

85 Eph. 3;18,19
86 1. Kor. 12;19-22, 27
87 1. Kor. 12;11
88 Röm. 1;16
89 Luk. 10:3

Anhang
Empfohlene
Ernte-Strategien

1. Die „Netzwerk-Identifikation" Phase

Verschaffe dir einen Überblick über die Beziehungen, die du
zu den Menschen hast, die dir gegenüber positiv eingestellt
sind, also „Frauen und Männer des Friedens" (Kapitel 5)
Bitte den Heiligen Geist, dir zu zeigen, wer für das
Evangelium offen ist und kurz davor steht eine Entscheidung
zu treffen. Sei bereit für eine Überraschung oder auch zwei!

2. Die Strategie-Phase

Bitte den Heiligen Geist, dir Schlüssel für das weitere
Vorgehen zu geben. Was sollte ich/wir tun, um sie
weiterzubringen?

Begegne ihren praktischen Nöten und Bedürfnissen.

Brauchen sie vielleicht einfach nur jemandem, der ihnen zuhören kann? Einfaches Zuhören ist der beste Weg Menschen wirklich zu erreichen.

Finde Möglichkeiten Menschen zu ermutigen. Ermutigung öffnet Türen.

Plane und bringe Initiativen auch zu Ende (warte nicht darauf, dass sie den ersten Schritt machen).

Schaffe Treffpunkte und Verbindungspunkte. Nutze die Häuser der Menschen, sowohl deines wie auch das der anderen. Halte Ausschau nach „dritten Orten" in deiner Umgebung - Orte an denen sich Menschen treffen, wenn sie nicht arbeiten oder zu Hause sind.

Beeinflusst gegenseitig eure Netzwerke. Ladet Menschen aus „dem Team" ein, eure Kontakte zu treffen und kennenzulernen.

3. Die Aktions-Phase

Nun weisst du was du tun musst: Schreibe es auf und mache einen Plan, wo, wann und wie du es umsetzen wirst. Sei zielgerichtet und konkret. Erstelle deinen Plan, jede Woche neu.

Suche jemanden aus der Gemeinde, dem du über deine

Pläne und deren Umsetzung Rechenschaft ablegen kannst. Dies ist der herausforderndste Schritt, der dir aber eine große Hilfe dabei sein wird wenn es darum geht, wirklich das zu erreichen, wofür du dich entschieden hast.

Geh los. Sei mutig. Sei ein Leiter. Führe deine Freunde diese letzten Schritte hin zu Jesus.

Arne G. Skagen

(geb. 1957) hat Brandschutz-Ingenieurwesen studiert und viele Jahre in der Risiko- und Notfallberatung für norwegische Industriebetriebe und Firmen gearbeitet Seit zehn Jahren ist er im Kristen Nettverkangestellt und unterstützt Gemeinden und Kirchen im In- und Ausland dabei, Menschen für Jesus zu gewinnen. Arne ist verheiratet, hat vier Töchter und lebt in Bergen in Norwegen.

„Endlich Montag" ist Arne's erstes Buch.

global giving initiative

As we pursue our mission to help people get their voices and ideas out into the world, we at Unprecedented Press realize that others are concerned with more pressing needs. Finding creativity in every person is important work, but getting food, shelter, and dignity to individuals must come first. That's why Unprecedented Press donates a portion of book revenue to the Everyone Gobal Giving Initative whose goal is to meet the practical needs of individuals around the world and to share the love of Jesus. To learn more, visit *everyoneglobal.com*

englische Bücher aus Unprecedented Press

40 Shocking Facts for 40 Weeks
of Pregnancy - Volume 1:
*Disturbing Details about
Childbearing & Birth*

By Joshua Best

40 Shocking Facts for 40 Weeks
of Pregnancy - Volume 2:
*Terrifying Truths about Babies
& Breastfeeding*

By Joshua Best

She Can Laugh
*A Guide to Living Spiritually,
Emotionally & Physically Healthy*

By Melissa Lea Hughes

Once Upon A Year
*Experience a year in
the life of Finn*

By Joanna Lenau

Unstuck
*How to Grieve Well and
Find New Footing*

By Danette Johnson

The River
A 30-day Study on the Role of
the Holy Spirit in the Church,
the World and you

By Mike Nicholson

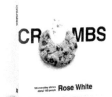

Crumbs
100 Everyday Stories about 100 People

By Rose White

Y - Christian Millennial Manifesto
Addressing Our Strengths and Weaknesses
to Advance the Kingdom of God

Y, The Workbook
A Companion

By Joshua Best

Still Small Moments
What Parenting Can Teach Us About
Growing with God in Every Season

By April Best

Lightning Source UK Ltd.
Milton Keynes UK
UKHW010046260119
336225UK00012B/1210/P